A REALIZAÇÃO ESPONTÂNEA DO DESEJO

Deepak Chopra

A REALIZAÇÃO ESPONTÂNEA DO DESEJO

Como utilizar o poder infinito da coincidência

Tradução de
CLAUDIA GERPE DUARTE

Rocco

Título original
THE SPONTANEOUS FULFILLMENT OF DESIRE
Harnessing the Infinite Power of Coincidence

Edição brasileira publicada mediante acordo
com Harmony Books, uma divisão da Random House, Inc.

Direitos para a língua portuguesa reservados
com exclusividade para o Brasil à
EDITORA ROCCO LTDA.
Avenida Presidente Wilson, 231, 8º andar
20030-021 – Rio de Janeiro, RJ
Tel.: (21) 3525-2000 – Fax: (21) 3525-2001
rocco@rocco.com.br
www.rocco.com.br

Printed in Brazil/Impresso no Brasil

preparação de originais
FÁTIMA FADEL

CIP-Brasil. Catalogação-na-fonte.
Sindicato Nacional dos Editores de Livros, RJ.

C476r Chopra, Deepak, 1946
A realização espontânea do desejo: como utilizar o infinito poder da coincidência/Deepak Chopra; tradução de Claudia Gerpe Duarte. Rio de Janeiro: Rocco, 2005.
(Arco do Tempo; A força da intuição)

Tradução de: The spontaneous fulfillment of desire: harnessing the infinite power of coincidence
Apêndice
Inclui bibliografia
ISBN 85-325-1809-5
1. Coincidência. 2. Auto-realização (Psicologia).
I. Título.

04-2869 CDD-128
CDU-128

A Rita, Mallika, Gotham, Candice, Sumanth e Tara:

vocês coordenam a dança sincrônica
do meu universo

SUMÁRIO

AGRADECIMENTOS

A todos os alunos que freqüentaram os cursos do Chopra Center ao longo dos anos; vocês legitimaram através da experiência o conhecimento contido neste livro;

A Sarah Kelly, Kristin Hutchens e Jill Romnes pela ajuda vital que forneceram a esses cursos;

Ao meu sócio, David Simon, pelo seu incentivo e debates estimulantes que continuamente expandem o horizonte intelectual;

A Carolyn Rangel, Felicia Rangel e Anne Marie Girard, pela dedicação a este conhecimento e por aperfeiçoá-lo;

Ao meu editor, Peter Guzzardi, pela sua impecável capacidade editorial e pela sua ajuda na preparação do original;

À equipe do Chopra Center, pelo seu apoio que torna possível qualquer coisa que eu possa alcançar.

Eu, a luz flamejante da sabedoria divina,
Inflamo a beleza das planícies,
Faço as águas cintilarem.
Queimo o sol, a lua e as estrelas,
Com sabedoria tudo ordeno corretamente.
Adorno a terra.
Sou a brisa que alimenta tudo que é verde.
Sou a chuva que vem do orvalho
Que faz a grama rir
Com a alegria da vida.
Invoco as lágrimas, o aroma da santa obra.
Eu sou o anseio pelo bem.

– HILDEGARD DE BINGEN
(1098-1179)

INTRODUÇÃO

Milagres acontecem todos os dias. Não apenas em remotas localidades do interior ou em lugares sagrados do outro lado do mundo, mas aqui, na nossa vida. Eles borbulham a partir da sua origem oculta, envolvem-nos com oportunidades e a seguir desaparecem. A raridade das estrelas cadentes faz com que pareçam mágicas, mas na verdade elas cruzam o céu o tempo todo. Simplesmente não as notamos durante o dia porque a luz do sol nos ofusca e, à noite, elas só surgem quando por acaso olhamos para o lugar certo no céu límpido e escuro.

Apesar de os considerarmos extraordinários, os milagres também passam todos os dias pela nossa consciência. Podemos escolher notá-los ou desconsiderá-los, sem perceber que o nosso destino pode depender dessa decisão. Sintonize-se com a presença dos milagres e, em um piscar de olhos, a vida pode se transformar em uma experiência fascinante, mais maravilhosa e estimulante do que jamais poderíamos imaginar. Se não der atenção a eles, perderá para sempre a oportunidade. A questão é a seguinte: Você reconheceria um milagre se presenciasse um? Caso o reconhecesse, o que faria? E se de algum modo você pudesse administrar os seus milagres, quais escolheria?

Além do seu eu físico, além dos pensamentos e emoções, existe dentro de você uma esfera que é puro potencial e, a partir dela, qualquer coisa é possível. Até mesmo os milagres. Especialmente os milagres. Essa sua parte está entrelaçada com tudo o que existe e com tudo o que virá a existir. Dediquei a vida a explorar e ensinar maneiras de utilizar esse campo infinito de possibilidades para que possamos redirecionar e melhorar nossa vida sob o aspecto material, emocional e físico. Em livros anteriores, concentrei-me em resultados específicos. Por exemplo, escrevi extensamente sobre como alcançar uma saúde perfeita, como encontrar o caminho do amor e como descobrir a maneira de conhecer Deus. Escrevi este livro com um objetivo mais abrangente: mostrar a você uma maneira de enxergar a profunda verdade que existe atrás da ilusão da vida do dia-a-dia e, ao fazer isso, descobrir o seu verdadeiro destino – e como moldá-lo. Esse é o caminho que conduz à realização e, depois, à iluminação.

Há mais de uma década tenho estado fascinado pela idéia de que a coincidência em parte orienta e molda nossa vida. Todos já tivemos experiências que poderiam ser consideradas impressionantes ou extraordinárias. Podemos estar limpando um armário e encontrar um presente que nos foi dado por alguém com quem não falamos há anos e então, uma hora depois, do nada, essa pessoa nos telefona. Podemos ter lido um artigo de jornal a respeito de um tratamento experimental de câncer de pele e decidimos guardá-lo sem nenhuma razão aparente. Um mês depois um parente nos telefona para dizer que foi diagnosticado com câncer de pele e a informação do artigo que guardamos influencia as escolhas que ele faz e acaba salvando a sua vida. Ou então nosso carro enguiça em uma estrada deserta e justo quando nos resignamos à idéia de ficar presos ali durante horas, o primeiro veículo que aparece é um reboque.

Esses momentos podem ser chamados de mera coincidência? Claro que podem, mas se os examinarmos mais de perto, também podem se revelar lampejos do milagroso. Cada vez que temos uma experiência desse tipo, podemos optar por não dar maior atenção a ela, considerando-a uma ocorrência aleatória em um mundo caótico ou podemos reconhecê-la como o evento potencialmente capaz de alterar a vida que ele pode se revelar. Não acredito em coincidências sem sentido. Acho que toda coincidência é uma mensagem, uma pista a respeito de uma faceta de nossa vida que requer nossa atenção.

Você já escutou alguma vez aquela "vozinha" calma e suave dentro de você? Já teve uma "forte sensação" a respeito de alguma coisa ou de alguém? Essa vozinha e essa sensação são formas de comunicação, nas quais geralmente vale a pena prestar atenção. As coincidências também são uma espécie de mensagem. Ao ficar atento às coincidências da vida, você pode aprender a ouvir com mais clareza as mensagens que elas encerram e, ao compreender as forças que moldam as coincidências, pode vir a influenciar essas forças e criar seu próprio conjunto de coincidências significativas, tirar vantagem das oportunidades que elas apresentam e experimentar a vida como um milagre em constante expansão, que inspira a cada momento admiração e respeito.

Quase todos vivemos um pouco temerosos, nervosos e agitados. Somos como crianças brincando de esconde-esconde, esperando ser encontradas, mas ao mesmo tempo não querendo ser, roendo ansiosos as unhas. Nós nos preocupamos quando a oportunidade se aproxima um pouco demais e nos escondemos nas sombras quando o medo nos domina. Isso não é jeito de viver. As pessoas que compreendem a verdadeira natureza da realidade, aquelas que algumas tradições chamam de iluminadas, perdem todo o sentimento de medo ou inquietação. A preocupação desaparece. Quando você entende a maneira como a vida realmente funciona – o fluxo de energia, as informações e a inteligência que orienta cada momento –, começa a ver o incrível potencial desse momento. As coisas mundanas deixam de incomodá-lo. Você se torna despreocupado e cheio de alegria. Também começa a encontrar na vida um número cada vez maior de coincidências.

Quando em sua vida você dá valor às coincidências e ao significado delas, entra em contato com o campo fundamental de possibilidades infinitas. É aí que a magia tem início. Trata-se de um estado que chamo de *sincrodestino*, no qual torna-se possível alcançar a realização espontânea de todos os nossos desejos. O sincrodestino requer que você tenha acesso a um lugar profundo dentro de si, ao mesmo tempo que desperta para a complexa dança de coincidências no mundo físico. Ele exige que você compreenda a natureza profunda das coisas, que reconheça o manancial de inteligência que cria interminavelmente nosso universo, mas que tenha a intenção de perseguir as oportunidades específicas de mudança quando elas surgirem.

Antes de explorar mais profundamente esse tema, vamos tentar fazer uma pequena experiência. Feche os olhos e pense no que você fez nas últimas vinte e quatro horas. Recue agora na memória a partir de onde você está neste momento para onde estava exatamente um dia atrás. Evoque no seu olho mental, o mais detalhadamente possível, as coisas que fez, os pensamentos que passaram em sua cabeça e os sentimentos que afetaram seu coração. Enquanto fizer isso, escolha um tema ou assunto das últimas vinte e quatro horas e concentre-se nesse pensamento particular. Não precisa ser uma coisa especialmente importante ou espetacular, apenas algo com o que você se lembre de ter estado envolvido durante o dia. Se foi ao banco, poderia escolher o dinheiro ou as finanças. Caso tenha se consultado com um médico, poderia escolher a saúde. Se jogou golfe ou tênis, poderia concentrar-se nas atividades esportivas. Pense no assunto escolhido durante alguns segundos.

Volte agora cinco anos no tempo. Concentre-se na data de hoje e vá recuando, ano a ano, até chegar à mesma data cinco anos atrás. Veja se consegue se lembrar mais ou menos de onde estava e o que estava fazendo naquela ocasião. Tente visualizar sua vida naquele momento o mais claramente possível.

Depois de criar uma imagem mental clara de sua vida cinco anos atrás, introduza o tema ou assunto das últimas vinte e quatro horas no qual você decidiu se concentrar: finanças, saúde, religião ou qualquer outra coisa. Acompanhe agora seu envolvimento com esse assunto nos últimos cinco anos até alcançar o momento presente. Procure recordar o maior número de incidentes possíveis nessa área particular da sua vida. Se você escolheu a saúde como tema, poderia se lembrar de doenças que já teve, de como elas podem tê-lo feito procurar um médico após o outro, de como você pode ter decidido parar de fumar e de que maneira essa decisão afetou várias áreas da sua vida, da dieta que escolheu ou de mil outras possibilidades. Vá em frente e comece agora esse exercício.

Enquanto você estava pensando no assunto que escolheu, em como ele evoluiu na sua vida e de que maneira afeta o modo como você vive agora, estou certo de que descobriu muitas "coincidências". Grande parte da vida depende de encontros casuais, golpes de sorte ou caminhos que de repente mudam de direção. E é provável que seu tema tenha rapidamente se interligado a muitas outras áreas de sua vida, mesmo que o assunto tenha parecido no início totalmente insignificante. Ao acompanhar dessa maneira sua história pessoal, poderá adquirir um enorme conhecimento do papel que a coincidência desempenhou na sua vida. Você poderá perceber que se um único detalhe tivesse sido diferente, você talvez tivesse ido parar em outro lugar, com pessoas diferentes, se envolvendo em um trabalho diverso e seguindo uma trajetória totalmente distinta.

Mesmo quando acha que tem a vida minuciosamente planejada, podem acontecer coisas que moldam seu destino de maneiras que você talvez nunca pudesse imaginar. As coincidências ou pequenos milagres que têm lugar a cada dia são indicações de que o universo tem para você planos muito maiores do que você jamais sonhou. A minha vida, que para outros parece tão bem definida, é para mim uma perpétua surpresa. E o meu passado também está repleto de coincidências que fizeram com que eu me tornasse a pessoa que sou hoje.

Meu pai serviu no exército indiano como médico particular de Lorde Mountbatten, o último governador geral do Império Britânico na Índia. Enquanto cumpria sua função, meu pai passou muito tempo na companhia de Lady Mountbatten, e ficaram amigos. Essa amizade fez com que meu pai fosse estimulado a candidatar-se a uma bolsa de estudos avançados para que posteriormente pudesse tornar-se membro do Royal College of

Physicians, o que o levou para a Inglaterra quando eu tinha cerca de seis anos de idade. Pouco depois, minha mãe também partiu para ficar um pouco com o meu pai, e meu irmão mais novo e eu ficamos aos cuidados de nossos avós.

Certo dia, meu pai enviou um telegrama da Inglaterra dizendo que finalmente passara em todos os exames. Meu avô ficou muito orgulhoso das realizações do filho e saiu conosco para comemorar. Foi o dia mais estimulante da nossa jovem vida! Ele nos levou ao cinema, a um parque de diversões e a um restaurante. Ele nos comprou brinquedos e doces. O dia foi de gloriosa celebração. No entanto, mais tarde naquela noite, meu irmão e eu fomos despertados por gemidos. Embora não tenhamos sabido de imediato, nosso avô tinha morrido e o barulho que nos tinha acordado era o choro das mulheres que se lamentavam. O corpo dele foi cremado, e as cinzas espalhadas sobre o Ganges.

Esse fato afetou profundamente a mim e meu irmão. Eu ficava acordado à noite imaginando onde estaria meu avô e se sua alma teria sobrevivido de alguma maneira depois da morte. A reação do meu irmão foi diferente: a pele dele começou a descascar, como se ele tivesse se queimado no sol. Não havia nenhuma razão física para o que estava ocorrendo, de modo que procuramos vários médicos. Um deles, um profissional de grande sabedoria, percebeu que os recentes eventos traumáticos que tinham ocorrido na nossa vida talvez tivessem deixado meu irmão sentindo-se vulnerável e exposto, e a pele que estava descamando seria um sinal externo da vulnerabilidade dele. Ele previu que a pele pararia de descamar quando os meus pais voltassem, e foi de fato o que aconteceu.

Ao olhar para trás, consigo perceber que esses antigos eventos foram as sementes do trabalho de minha vida, ou seja, minha busca de compreender a natureza da alma e meus estudos sobre a conexão existente entre o corpo e a mente na saúde. A profissão que escolhi foi uma série longa de coincidências que começam em qualquer ponto para o qual eu me volte, nesse caso quando o meu pai ficou amigo de Lady Mountbatten.

Outros fatos aparentemente aleatórios me influenciaram ainda mais. Quando eu estava na escola, meu melhor amigo era um menino chamado Oppo. Ele tinha muita habilidade com as palavras. Nas aulas de inglês, sempre que tínhamos de fazer uma redação, ele tirava as melhores notas. Ele também era uma excelente companhia e eu adorava passar momentos ao seu lado. Tudo o que Oppo fazia eu também queria fazer. Quando ele decidiu que queria ser escritor, fiz a mesma escolha.

No entanto, o sonho do meu pai era que eu me tornasse médico. Quando nos sentamos para discutir o assunto, eu disse a ele: "Não. Não quero ser médico. Não tenho nenhum interesse na medicina. Quero me tornar um dia um grande escritor. Quero escrever livros." Pouco tempo depois, no meu aniversário de catorze anos, meu pai me deu de presente ótimos livros, inclusive *Of Human Bondage,* de W. Somerset Maugham, *Arrowsmith,* de Sinclair Lewis, e *Magnificent Obsession,* de Lloyd C. Douglas. Embora ele não mencionasse o fato na época, todos esses livros são a respeito de médicos. Eles me causaram uma impressão tão profunda que despertaram em mim o desejo de estudar medicina.

Ser médico parecia-me a maneira ideal de começar a explorar a espiritualidade. Eu achava que, ao desenredar os mistérios do corpo humano, talvez um dia pudesse chegar no nível da alma. Se eu não tivesse conhecido Oppo, talvez nunca tivesse desenvolvido o amor pela literatura e pela escrita. E se meu pai tivesse agido de modo diferente, contrariando a minha decisão de ser escritor em vez de me estimular com livros a respeito de médicos, talvez eu tivesse me tornado um jornalista. Mas esses eventos aparentemente não relacionados e a rede de relacionamentos que se iniciou em Lady Mountbatten, passou pelo meu pai, meu avô e meu irmão, e encaminhou-se para Oppo estavam sincronizados uns com os outros. Foi como se uma conspiração de coincidências tivesse moldado minha história pessoal e me conduzido à vida que desfruto hoje com tanta plenitude.

Cada um de nós está imerso em uma rede de coincidências que nos inspiram e ajudam a dirigir nossa vida. Neste exato momento, meu destino me levou a escrever este livro, a comungar com você por meio das palavras desta página. O simples fato de você estar lendo agora estas palavras – de ter entrado na biblioteca ou livraria, encontrado o livro, decidido abri-lo, e estar investindo tempo e energia para adquirir conhecimentos sobre o sincrodestino – é uma dessas coincidências que têm o potencial de alterar a vida. Que circunstâncias o trouxeram até este livro? Como o escolheu entre milhares de outros? Que mudanças acha que gostaria de fazer na sua vida durante a leitura dos parágrafos iniciais?

No entanto, perceber a rede de coincidências na nossa vida é apenas o primeiro estágio que nos permite entender e viver o sincrodestino. O próximo estágio envolve desenvolver a percepção consciente das coincidências enquanto elas estão acontecendo. É fácil percebê-las em retrospecto, mas, se você conseguir detectar as coincidências no momento em que elas ocorrerem, estará em uma posição melhor para aproveitar as oportunidades que elas possam estar apresentando. Além disso, a percepção consciente se traduz em energia. Quanto mais atenção você der às coincidências, mais provável é que elas apareçam, o que significa que você começa a ter cada vez mais acesso às mensagens que lhe estão sendo enviadas a respeito do caminho e da direção de sua vida.

O estágio final de viver o sincrodestino ocorre quando nos tornamos plenamente conscientes da correlação existente entre todas as coisas, a maneira como cada uma afeta a seguinte, como todas estão "em sincronia", o que significa atuar em uníssono, como um só. Imagine um cardume de peixes nadando em uma direção e, de repente, todos mudam de direção. Não existe nenhum líder dando orientações. Os peixes não pensam: "O peixe à minha frente virou à esquerda, de modo que devo fazer o mesmo." Tudo acontece simultaneamente. A coreografia dessa sincronia é realizada por uma inteligência poderosa e onipresente que jaz no coração da natureza, manifestando-se em cada um de nós através do que chamamos alma.

Quando aprendemos a viver a partir do nível da alma, muitas coisas acontecem. Tomamos consciência dos padrões refinados e ritmos sincrônicos que governam a vida. Compreendemos os grandes períodos de memória e experiência que nos moldaram e nos tornaram as pessoas que somos hoje. O medo e a ansiedade desaparecem quando observamos maravilhados a evolução do mundo. Notamos a rede de coincidências que nos cerca e percebemos que até mesmo os menores eventos encerram um significado. Descobrimos que, ao aplicar a atenção e a intenção a essas coincidências, podemos criar resultados específicos na nossa vida. Nós nos relacionamos com todos e com tudo no universo, e reconhecemos o espírito que nos une. Moldamos conscientemente nosso destino e fazemos com que ele assuma as expressões ilimitadamente criativas que deveriam ser, e, ao fazer isso, vivemos nossos sonhos mais profundos e nos aproximamos cada vez mais da iluminação.

Este é o milagre do sincrodestino.

As páginas que se seguem estão divididas em duas seções. A primeira explora a dinâmica de funcionamento da coincidência, do sincronismo e do sincrodestino; responde à pergunta: "Como isso funciona?" A segunda seção explora os sete princípios do sincrodestino, além de planos diários para você usar o que aprender; responde à pergunta: "O que isso significa para mim?"

Aqueles que são fortemente voltados para os objetivos ou que leram todos os meus livros anteriores podem se sentir tentados a pular a primeira parte e ir diretamente para as lições, mas as discussões deste livro encerram algumas nuanças, além de informações adicionais e observações específicas, que seriam do seu interesse entender antes de seguir em frente. Além disso, é importante saber que o conceito de sincrodestino evoluiu nos últimos dez anos e continua a fazê-lo. Talvez você tenha feito um curso de sincrodestino ou escutado fitas de áudio no passado, mas encare este volume tanto como *Sincrodestino I,* uma introdução ao assunto, quanto como *Sincrodestino II*, um conhecimento mais claro e adiantado do fenômeno, não apenas como teoria mas também como experiência.

Se você for daqueles que lêem este livro sem nenhuma experiência prévia do meu trabalho, eu o estimulo a não perder o ímpeto. Esforcei-me muito para tornar este livro o mais acessível que já escrevi até hoje e espero ter tido êxito. No entanto, temos de enfrentar algumas questões profundas e, às vezes, você poderá sentir que nunca irá conseguir "entender" tudo. Você entenderá. Procure não empacar em nenhum parágrafo ou página. Cada capítulo se baseia no anterior e os leitores geralmente descobrem que os capítulos posteriores esclarecem pontos que podem ter sido menos óbvios nos anteriores. Temos aqui duas metas: a primeira é entender como funciona o sincrodestino e a outra é aprender técnicas específicas para utilizar o poder dele na vida do dia-a-dia.

Este livro não vai mudar sua vida da noite para o dia, mas se você estiver disposto a empenhar diariamente um pouco do seu tempo, descobrirá que os milagres não apenas são possíveis, como também são abundantes. Podem acontecer todos os dias, a cada hora e a cada minuto da sua vida. Neste momento, as sementes de um destino perfeito jazem adormecidas dentro de você. Libere o potencial delas e viva uma vida mais maravilhosa do que qualquer sonho. Permita-me mostrar-lhe como fazer isso.

Primeira parte

A PROMESSA DE UM POTENCIAL ILIMITADO

1

A MATÉRIA, A MENTE E O ESPÍRITO

Desde o momento em que nos tornamos conscientes do mundo que nos cerca, começamos a ter curiosidade de conhecer nosso lugar nele. As perguntas que fazemos são intermináveis. Por que estou aqui? Como me encaixo no plano das coisas? Qual é o meu destino? Quando crianças, temos a tendência de pensar no futuro como uma folha de papel em branco na qual podemos escrever nossa história. As possibilidades parecem infinitas e somos estimulados pela promessa da descoberta e do simples prazer de viver imersos nesse enorme potencial. Mas à medida que vamos crescendo nos tornamos adultos e somos "instruídos" a respeito de nossas limitações, a nossa visão do futuro se torna mais restrita. Aquilo que certa vez fez alçar nossa imaginação agora nos oprime com o medo e a ansiedade. O que antes parecia ilimitado torna-se estreito e sombrio.

Existe uma maneira de recuperar a alegria altaneira do potencial ilimitado. Basta que você compreenda a verdadeira natureza da realidade, esteja disposto a reconhecer a correlação e a inseparabilidade de todas as coisas. A seguir, auxiliado por técnicas específicas, perceberá que o mundo se abre para você, e a sorte e as oportunidades que surgiam de vez em quando passarão a acontecer com uma freqüência cada vez maior. Quão poderoso é o sincrodestino? Imagine por um momento que você está com uma lanterna na mão em um aposento totalmente às escuras. Você acende a lanterna e vê um belo quadro pendurado na parede. Poderia pensar: "Sem dúvida, esta é uma bela obra de arte, mas isto é tudo?" A seguir, de repente, a sala é iluminada a partir de cima. Você olha em volta e percebe que está em um museu, cercado por paredes com milhares de quadros, cada um mais bonito do que o outro. Quando essas possibilidades lhe são reveladas, você percebe que tem diante de si uma quantidade quase infinita de arte para estudar e amar. Não está mais limitado a examinar um único quadro com a luz fraca da sua lanterna.

Essa é a promessa do sincrodestino. Ele acende as luzes. Ele nos confere a capacidade de tomar decisões reais em vez de seguir palpites cegos enquanto avançamos na vida. Ele nos permite perceber significado no mundo, compreender a correlação ou sincronismo entre todas as coisas, escolher o tipo de vida que queremos viver e realizar nossa jornada espiritual. Com o sincrodestino, alcançamos a habilidade de transformar nossa vida de acordo com nossas intenções.

O primeiro passo para viver dessa maneira é entender a natureza dos três níveis da existência.

Primeiro nível: A ESFERA FÍSICA

O primeiro nível da existência é físico ou material, o universo visível. Esse é o mundo que conhecemos melhor, que chamamos de mundo real. Ele contém a matéria e objetos com limites firmes, tudo o que é tridimensional, e inclui o que experimentamos com os cinco sentidos, ou seja, tudo que podemos ver, ouvir, sentir, provar ou cheirar. Inclui nosso corpo, o vento, a terra, a água, os gases, os animais, os micróbios, as moléculas e as páginas deste livro. Na esfera física, o tempo parece correr em uma linha tão reta que o chamamos de a flecha do tempo, que sai do passado, passa pelo presente e avança em direção ao futuro. Isso significa que tudo na esfera física tem um começo, um meio e um fim, sendo, portanto, impermanente. Os seres sencientes nascem e morrem. As montanhas se elevam do núcleo liquefeito da terra e são desgastadas pela implacável erosão da chuva e do vento.

O mundo físico que experimentamos é governado por leis imutáveis de causa e efeito, de modo que tudo é previsível. A física newtoniana nos permite prever a ação e a reação, de modo que quando bolas de bilhar se chocam umas com as outras, com uma velocidade particular e segundo um ângulo específico, podemos calcular antecipadamente a rota exata que cada uma irá seguir na mesa de bilhar. Os cientistas conseguem calcular com precisão o momento e a duração de um eclipse solar. Toda a nossa interpretação "lógica e sensata" do mundo decorre do nosso conhecimento dessa esfera física.

Segundo nível:
A ESFERA QUÂNTICA

No segundo nível de existência tudo consiste em informação e energia. Ele é chamado esfera quântica. Tudo nesse nível é insubstancial, o que quer dizer que não pode ser tocado ou percebido por nenhum dos cinco sentidos. A sua mente, pensamentos, ego, a parte que você tipicamente considera o seu "eu" fazem parte da esfera quântica. Essas coisas não são sólidas, mas você sabe que o seu eu e os seus pensamentos são reais. Embora seja mais fácil pensar na esfera quântica em função da mente, ela abrange muitas outras coisas. Na verdade, tudo no universo visível é uma manifestação da energia e das informações da esfera quântica. O mundo material é um subconjunto do mundo quântico.

Outra maneira de expressar isso é dizer que tudo na esfera física é composto de informação e energia. Na famosa equação de Einstein: $E = MC^2$, aprendemos que a energia (E) é igual à massa (M) vezes a velocidade da luz (C) ao quadrado. Isso nos diz que a matéria (massa) e a energia são a mesma coisa, só que em formas diferentes – a energia *é igual* à massa.

Uma das primeiras lições ensinadas na escola é que todo objeto sólido é formado por moléculas e que as moléculas são compostas por unidades ainda menores chamadas átomos. Aprendemos que a cadeira aparentemente sólida na qual estamos sentados é formada por átomos tão pequenos que não podem ser vistos sem a ajuda de um poderoso microscópio. Mais adiante na lição, aprendemos que os minúsculos átomos são compostos por partículas subatômicas, que não são nem um pouco sólidas. Elas são, literalmente, pacotes ou ondas de informação e energia, o que quer dizer que, nesse segundo nível de existência, a cadeira na qual você está sentado nada mais é do que energia e informação.

Pode ser difícil compreender inicialmente esse conceito. Como podem ondas invisíveis de energia e informação ser experimentadas como um objeto sólido? A resposta é que os eventos na esfera quântica ocorrem na velocidade da luz, e nessa velocidade nossos sentidos simplesmente não conseguem processar tudo o que contribui para a nossa experiência perceptiva. Percebemos os objetos como sendo diferentes uns dos outros porque as ondas de energia contêm diferentes tipos de informações, que são determinadas pela freqüência ou vibração dessas ondas de energia. É como ouvir o rádio. Um aparelho de rádio sintonizado em uma estação, digamos 101,5 FM, talvez só toque música clássica. Se você mudar de estação e sintonizar, digamos, 101,9 FM, poderá ouvir apenas rock. A energia está codificada para diferentes informações dependendo de como vibra.

Assim sendo, o mundo físico, o mundo dos objetos e da matéria, é formado apenas por informações contidas nas energias que vibram em diferentes freqüências. Só não vemos o mundo como uma enorme rede de energia porque ela vibra rápido demais. Nossos sentidos, por funcionarem com extrema lentidão, só conseguem registrar partes dessa energia e atividade, e esses agrupamentos de informações se tornam "a cadeira", "meu corpo", "a água" e todos os outros objetos físicos no universo visível.

Isso é semelhante ao que acontece quando assistimos a um filme. Como você sabe, a película é formada por fotogramas ou quadros fotográficos individuais, com intervalos entre eles. Se você olhasse para um filme no rolo em uma sala de projeção, veria os fotogramas e os intervalos. Mas quando assistimos à película, os fotogramas são enfileirados e passam tão rápido que nossos sentidos deixam de perceber os quadros como sendo descontínuos. Em vez disso, nós os vemos como um fluxo contínuo de informações.

No nível quântico, as várias porções de campos de energia que vibram em freqüências diferentes que percebemos como objetos sólidos fazem parte de um campo de energia coletivo. Se fôssemos capazes de distinguir tudo o que está acontecendo no nível quântico, veríamos que somos parte de uma grande "sopa de energia" e que tudo – cada um de nós e todos os objetos na esfera física – é apenas um agrupamento de energia que flutua nessa sopa. Em qualquer momento considerado, nosso campo de energia entrará em contato com os campos de energia de todas as outras pessoas e os afetará, e cada um de nós responde de alguma maneira a essa experiência. Somos todos expressões dessa energia e informações conjuntas. Às vezes podemos efetivamente sentir essa conexão. A sensação é em geral muito sutil, mas de vez em quando ela se torna mais tangível. Quase todos já tivemos a experiência de entrar em uma sala e sentir "uma tensão tão densa a ponto de quase conseguir cortá-la com uma faca", ou de estar em uma igreja ou santuário e sermos envolvidos por uma sensação de paz. Trata-se da energia coletiva do ambiente que se mistura com a nossa e que registramos em algum nível.

Na esfera física também trocamos constantemente energia e informações. Imagine que você está na rua e consegue sentir o cheiro da fumaça do cigarro de alguém que está caminhando na quadra seguinte. Isso significa que você está inalando o ar que a pessoa exalou a um metro de distância. O cheiro é apenas um rastreador que o avisa de que você está inalando o ar exalado por outra pessoa. Se o rastreador não estivesse presente, se a pessoa em questão não estivesse fumando, mesmo assim você estaria inalando o ar que ela exalasse enquanto respirasse; apenas não o saberia por não ter a fumaça do cigarro para alertá-lo. E o que é essa respiração? É o dióxido de carbono e o oxigênio oriundos do metabolismo de cada célula do corpo do desconhecido. É isso que você aspira, assim como as outras pessoas inalam o ar que você expira. Desse modo, todos permutamos constantemente partes de nós mesmos – moléculas físicas e mensuráveis de nosso corpo.

Em um nível mais profundo, não existe realmente nenhum limite entre o nosso eu e tudo o mais no mundo. Quando tocamos um objeto, temos a impressão de que ele é sólido, como se houvesse uma nítida separação entre ele e nós. Os físicos diriam que experimentamos esse limite como sendo sólido porque tudo é formado de átomos, e a solidez é a sensação dos átomos chocando-se uns contra os outros. Considere, no entanto, o que é um átomo. Ele possui um pequeno núcleo cercado por uma grande nuvem de elétrons. Não existe nenhum revestimento externo, apenas uma nuvem de elétrons. Para visualizar o que estou descrevendo, imagine um amendoim no meio de um estádio de futebol. O amendoim representa o núcleo e o estádio, o tamanho da nuvem de elétrons ao redor do núcleo. Quando tocamos um objeto, percebemos a solidez quando as nuvens de elétrons se encontram. É assim que interpretamos o que é sólido, tendo em vista a sensibilidade (ou insensibilidade relativa) dos nossos sentidos. Nossos olhos estão programados para ver os objetos como sendo sólidos e tridimensionais. Nossas terminações nervosas estão programadas para sentir os objetos como sólidos e tridimensionais. No entanto, na realidade da esfera quântica, a solidez é inexistente. Por acaso ela existe quando duas nuvens se encontram? Não. Elas se fundem e se separam. Algo semelhante acontece quando você toca outro objeto. Os campos de energia (e nuvens de elétrons) se encontram, pequenas partes se fundem e depois vocês se separam. Embora você se perceba como inteiro, você perdeu um pouco da sua energia para o objeto e recebeu em troca um pouco da energia dele. Trocamos informações e energia com tudo o que encontramos e podemos sair desse encontro um pouco modificados. Desse modo, também podemos perceber que estamos conectados a tudo o mais no mundo físico. Compartilhamos constantemente partes dos nossos campos de energia, de modo que todos nós, nesse nível quântico, no nível de nossa mente e nosso "eu," estamos conectados. Estamos todos relacionados uns com os outros.

Assim sendo, é apenas na consciência que nossos sentidos limitados criam um mundo sólido a partir da energia e das informações puras. Mas e se pudéssemos enxergar dentro da esfera quântica, se tivéssemos "olhos quânticos"? Na esfera quântica, veríamos que tudo que consideramos sólido no mundo físico está na verdade vibrando para dentro e para fora de um vazio infinito, à velocidade da luz. Exatamente como na seqüência de fotogramas e intervalos de um filme, o universo é um fenômeno do tipo liga-desliga. A continuidade e a solidez do mundo só existem na imaginação, alimentadas pelos sentidos que não conseguem discernir as ondas de energia e de informação que compõem o nível quântico da existência. Na realidade, todos vibramos para dentro e para fora da existência o tempo todo. Se pudéssemos aperfeiçoar nossos sentidos, conseguiríamos efetivamente descortinar os intervalos na nossa existência. Estamos aqui, a seguir não estamos mais aqui e depois estamos aqui de novo. A sensação de continuidade é sustentada apenas pela nossa memória.

Existe uma analogia que ilustra esse ponto. Os cientistas sabem que uma lesma leva cerca de três segundos para registrar a luz. Imagine então que enquanto uma lesma me observasse, eu saísse da sala, assaltasse um banco e voltasse três segundos depois. No que diz respeito à lesma, nunca saí da sala. Eu poderia levá-la ao tribunal e ela me forneceria um perfeito álibi. Para a lesma, o período que passei fora da sala cairia em um dos quadros da existência vibratória. O senso de continuidade dela, admitindo-se que as lesmas tenham um, simplesmente não registraria o intervalo.

Desse modo, a experiência sensorial de todos os seres humanos é um conceito perceptivo puramente artificial criado na imaginação. Existe uma história zen na qual dois monges estão olhando para uma bandeira que se agita ao vento. O primeiro diz: "A bandeira está tremulando." O segundo declara: "Não, o vento está se movendo." O mestre se aproxima e eles fazem a ele a seguinte pergunta: "Quem está certo? Eu digo que a bandeira está se mexendo e ele diz que é o vento que está em movimento." O mestre responde: "Ambos estão errados. Apenas a consciência está se movendo." À medida que a consciência se movimenta, ela imagina o mundo e ele passa a existir.

Assim sendo, a mente é um campo de energia e informação. Cada idéia também é energia e informação. Ao perceber a sopa de energia como um conjunto de entidades físicas distintas, você imaginou seu corpo e todo o mundo físico, e eles passaram a existir. Mas de onde vem a mente responsável por essa imaginação?

Terceiro Nível: A ESFERA NÃO-LOCAL

O terceiro nível de existência é composto pela inteligência ou consciência. Pode ser chamado de esfera virtual, esfera espiritual, campo de potencial, ser universal ou inteligência não-local. É aí que as informações e a energia emergem de um mar de possibilidades. O nível mais básico, fundamental, da natureza não é material; ele não é nem mesmo uma sopa de energia e informação e sim puro potencial. Esse nível de realidade não-local opera além do alcance do espaço e do tempo, que simplesmente não existem nesse nível. Nós o chamamos de não-local porque não pode ser restrito a uma localização; não está "em" você ou "lá fora". Ele simplesmente é.

A inteligência da esfera espiritual é o que organiza a "sopa de energia" em entidades cognoscíveis. É ela que aglutina as partículas quânticas para formar os átomos, os átomos para formar moléculas e as moléculas para formar estruturas. Ela é a força organizadora por trás de todas as coisas. Esse conceito pode ser escorregadio e difícil de entender. Uma maneira relativamente simples de pensar a respeito dessa esfera virtual é reconhecer a natureza dual dos seus pensamentos. Enquanto você lê estas palavras, seus olhos vêem a tinta preta na página e a sua mente traduz o que está impresso em símbolos – letras e palavras –, e a seguir tenta deduzir o significado deles. Mas dê um passo atrás e pergunte: Quem está lendo? Qual a consciência que regula meus pensamentos? Conscientize-se da dualidade desses processos interiores. Sua mente está ocupada decifrando, analisando e traduzindo. Então quem está lendo? Com esse pequeno desvio da atenção, você poderá se tornar consciente de que existe uma presença dentro de você, uma força que está realizando a experiência. Trata-se da alma ou inteligência não-local, e a experiência dela tem lugar no nível virtual.

Assim como a informação e a energia formam o mundo físico, essa esfera não-local ("sem localização") cria e coordena a atividade da informação e da energia. Segundo o dr. Larry Dossey, autor de best-sellers e pioneiro da metafísica, os eventos não-locais possuem três importantes qualidades que os distinguem de eventos restritos ao mundo físico. Eles estão correlacionados e essa correlação é *não-mediada, não-atenuada* e *imediata.* Vamos examinar resumidamente o que ele quer dizer com isso.

O comportamento de dois ou mais eventos subatômicos é *não-casualmente inter-relacionado*, o que significa que "um evento não é a causa de outro evento, mas o comportamento de um está imediatamente correlacionado ou coordenado com o outro". Em outras palavras, eles parecem estar dançando no mesmo ritmo, embora não estejam se comunicando um com o outro no sentido convencional. Esse é o significado de *não-mediada.*

A correlação entre esses eventos não-locais também é *não-atenuada,* o que significa que a força da correlação não é reduzida com a distância no espaço e no tempo. Por exemplo, se você e eu estivéssemos conversando em uma sala, a minha voz teria um som muito diferente do que se estivéssemos falando um com outro em calçadas opostas de uma rua. Nessa distância maior, a minha voz pareceria muito mais fraca, se é que você iria conseguir me escutar. Se você estivesse na esfera não-local, eu seria ouvido com clareza, *independentemente de eu estar ao seu lado, do outro lado da rua, a um quilômetro de distância ou mesmo em outro continente.*

Terceiro, *imediata* significa que nenhum tempo de viagem é necessário para os eventos não-locais. Todos estamos familiarizados com o fato de que a luz e o som viajam a diferentes velocidades, e é por isso que vemos o relâmpago a distância antes de ouvir o retumbar do trovão. No caso dos eventos não-locais, não existe esse intervalo, porque as correlações não-locais não seguem as leis da física clássica. Não existe nenhum sinal, não existe nenhuma luz, não existe nenhum som. Não existe nenhuma "coisa" que precise viajar. As correlações entre os eventos que ocorrem no nível não-local ou virtual têm lugar instantaneamente, sem causa e sem se tornarem mais fracas com o tempo ou a distância.

A inteligência não-local está em toda parte ao mesmo tempo e pode usar simultaneamente efeitos múltiplos em vários locais. É a partir dessa esfera virtual que tudo no mundo é organizado e sincronizado. Essa é, portanto, a origem das coincidências que são tão importantes para o sincrodestino. Quando você aprende a viver a partir desse nível, consegue satisfazer espontaneamente todos os seus desejos. É capaz de criar milagres.

A EVIDÊNCIA DA ESFERA VIRTUAL

A esfera virtual não é uma invenção da imaginação, resultado de uma ânsia humana por uma força universal maior do que nós mesmos. Embora os filósofos venham discutindo e debatendo há milhares de anos a existência do "espírito", foi somente no século XX que a ciência pôde oferecer uma prova da existência da inteligência não-local. Embora a análise que se segue seja um pouco complicada, se você ler tudo até o fim, espero que vá ser invadido pela mesma sensação de assombro e arrebatamento que senti quando ouvi falar pela primeira vez neste trabalho.

Quase todos aprendemos nas aulas de ciência que o universo é formado por ondas e partículas sólidas. Foi-nos dito que as partículas eram os componentes básicos de todos os objetos sólidos existentes no mundo. Aprendemos, por exemplo, que as menores unidades de matéria, como os elétrons em um átomo, eram partículas. Analogamente, foi-nos ensinado que as ondas, como as do som e da luz, não eram sólidas. Nunca houve nenhuma confusão entre as duas; partículas eram partículas e ondas eram ondas.

Posteriormente, os físicos descobriram que uma partícula subatômica é parte do que é conhecido como um pacote de onda. Embora as ondas de energia sejam tipicamente contínuas, com máximos e mínimos igualmente espaçados, um pacote de onda é uma concentração de energia. (Imagine uma pequena bola de estática, com máximos e mínimos rápidos e agudos que representam a amplitude da onda.)

Onda

Pacote de onda

Podemos fazer duas perguntas a respeito da partícula nesse pacote de onda: (1) Onde está ela e (2) qual é o momento dela? Os físicos descobriram que podemos fazer uma dessas perguntas, mas não as duas. Por exemplo, uma vez que você pergunte:

"Onde está ela?", e fixe uma onda-partícula em um local, ela se torna uma partícula. Se você perguntar: "Qual é o momento dela?", terá decidido que o movimento é o fator crítico, de modo que você tem de estar falando sobre uma onda.

Então essa coisa a respeito da qual estamos falando, a "onda-partícula", é uma partícula ou uma onda? Depende da pergunta que decidirmos fazer. Em qualquer momento considerado, essa onda-partícula pode ser uma partícula *ou* uma onda, porque não podemos conhecer a localização e o momento da onda-partícula. Na verdade, enquanto não medimos nem a localização nem o momento dela, ela é *simultaneamente partícula e onda.* Esse conceito é conhecido como o Princípio da Incerteza de Heisenberg e é um dos elementos fundamentais da física moderna.

Imagine uma caixa fechada que encerra uma onda-partícula. A identidade absoluta desta última não está determinada enquanto ela não for observada ou medida de alguma maneira. No momento anterior à observação, a identidade dela é puro potencial. É ao mesmo tempo onda e partícula, e só existe na esfera virtual. Depois que a observação ou a medida tem lugar, o potencial "sucumbe" em uma única entidade – ou partícula ou onda. Considerando nossa maneira usual de avaliar o mundo, baseada nos sentidos, a idéia de que uma coisa possa existir em mais de um estado ao mesmo tempo é totalmente contra-intuitiva. Mas esse é o prodígio do mundo quântico.

Uma famosa experiência com o pensamento realizada pelo físico Erwin Schrödinger chama a atenção para os tipos de ocorrências fora do comum que se tornam possíveis pela física quântica. Imagine que você tem uma caixa fechada que contém uma onda-partícula, um gato, uma alavanca e uma tigela com comida para gatos com a tampa solta. Se a onda-partícula se tornar uma partícula, ela esbarrará na alavanca, que arrancará a tampa da tigela e o gato comerá a comida. Se a onda-partícula se tornar uma onda, a tampa permanecerá sobre a comida. Se abrirmos a caixa (realizando desse modo uma observação), veremos uma tigela vazia (e um gato feliz) ou uma tigela cheia de comida (e um gato faminto). Tudo depende do tipo de observação que fizermos. Eis agora a parte que confunde a mente. Antes de olharmos dentro da caixa e realizarmos uma observação, a tigela está *ao mesmo tempo* vazia e cheia, o gato está *simultaneamente* alimentado e faminto. Nesse momento, as duas possibilidades coexistem. *É apenas a observação que transforma a possibilidade em realidade.* Por mais extraordinário que isso possa parecer, os físicos completaram recentemente uma experiência que prova esse fenômeno demonstrando que um átomo de berílio carregado e não observado era capaz de estar em dois lugares diferentes ao mesmo tempo.

Talvez ainda mais confusa seja a noção de que a idéia de duas localizações diferentes possa ser um artifício da percepção. Em outras palavras, dois eventos relacionados em dois locais diferentes podem na verdade ser os movimentos de um único evento. Imagine um único peixe em um tanque, com duas câmeras de vídeo registrando os seus movimentos. As duas câmeras formam um ângulo reto uma com a outra e projetam as respectivas imagens em duas telas de vídeo separadas que estão em outra sala. Você está sentado nesta última sala olhando para as duas telas. Vê dois peixes diferentes e fica impressionado quando um deles se volta ou avança em certa direção e esse comportamento é imediatamente correlacionado com o do outro peixe. É claro que você não sabe o que está realmente acontecendo. Se soubesse, veria que existe um único peixe! Se colocássemos muitas câmeras diferentes em vários ângulos distintos e projetássemos as imagens para telas distintas na mesma sala, você ficaria impressionado com a maneira pela qual esses diferentes peixes estão em uma correlação de comunicação instantânea uns com os outros.

Os grandes videntes das tradições místicas afirmam que o que experimentamos todos os dias é uma realidade projetada na qual os eventos e as coisas só "parecem" estar separados no espaço e no tempo. Nas esferas mais profundas somos todos membros do mesmo corpo e quando uma das partes do corpo se move todas as outras são instantaneamente afetadas.

Os cientistas também propõem um nível de existência chamado hiperespaço octadimensional de Minkowski. Nessa dimensão matematicamente concebida, a distância entre dois eventos, por mais separados que possam parecer no espaço-tempo, é sempre zero. Isso sugere mais uma vez uma dimensão da existência na qual estamos todos inseparavelmente unidos. A separação pode ser apenas uma ilusão. O fato de sentirmos qualquer forma de amor tem o efeito de começar a despedaçar essa ilusão.

Uma vez que a observação é a chave para definir a onda-partícula como uma entidade única, Niels Bohr e outros físicos acreditavam que a consciência era a única responsável pelo colapso da onda-partícula. Poderíamos dizer, então, que sem a consciência tudo existiria apenas como pacotes potenciais indefinidos de energia, ou puro potencial.

Esse é um dos pontos mais cruciais deste livro. Vou repeti-lo porque é extremamente importante: *Sem que a consciência agisse como observadora e intérprete, tudo existiria apenas como puro potencial.* Esse puro potencial é a esfera virtual, o terceiro nível da existência. Ele é não-local e não pode ser exaurido; é infinito e todo-abrangente. É a utilização desse potencial que nos permite fazer milagres.

A palavra *milagres* não é forte demais. Voltarei à física para descrever o modo como os cientistas documentaram alguns dos eventos impressionantes que podem ocorrer a partir desse nível de potencial.

Intrigado e perturbado com as possibilidades sugeridas pela física quântica, Albert Einstein concebeu a sua própria experiência com o pensamento. Imagine criar duas ondas-partículas idênticas que a seguir são lançadas em direções opostas. O que acontece se perguntarmos qual a localização da onda-partícula A e o momento da onda-partícula B? Lembre-se de que as partículas são idênticas, de modo que qualquer medida que seja calculada para uma será, por definição, verdadeira para a outra. Saber a localização da onda-partícula A (e, portanto, fazê-la sucumbir em uma partícula) simultaneamente nos diz a localização da onda-partícula B, o que também a faz sucumbir em uma partícula.

As implicações dessa experiência de pensamento (que foi matemática e experimentalmente confirmada) são enormes. O fato de a observação da onda-partícula A afetar a onda-partícula B significa que está ocorrendo alguma conexão ou comunicação não-local na qual estão sendo trocadas informações a uma velocidade maior do que a da luz, sem a troca de energia. Esse fato é contrário a toda e qualquer visão de mundo sensata. Essa experiência de pensamento é conhecida como o paradoxo de Einstein-Podolsky-Rosen. Além disso, experiências de laboratório demonstraram que as leis da física quântica se mantêm firmes e que a comunicação ou conexão não-local é uma realidade.

Vou tentar ilustrar a magnitude desse ponto com um exemplo um pouco exagerado, mas que pelo menos tem lugar no mundo físico, o que torna mais fácil ver seus efeitos. Imagine que uma empresa envia ao mesmo tempo dois pacotes idênticos, um para mim, na Califórnia, e o outro para você na sua casa. Em cada uma das caixas há uma onda-partícula correlacionada, não observada, puro potencial. Você e eu recebemos e abrimos os pacotes exatamente no mesmo instante. Imediatamente antes de cortar a fita adesiva e abrir as abas da caixa, crio uma imagem mental do que quero que a caixa contenha. Ao abrir a caixa, descubro que ela contém exatamente o que eu imaginara, um violino. Mas isso é apenas a metade do milagre. Quando você abre a sua caixa, verifica que ela também contém um violino. Quando imaginei o que eu queria que a caixa contivesse, a onda-partícula sucumbiu em uma forma específica. E o que imaginei também afetou as ondas-partículas no seu pacote. Poderíamos repetir indefinidamente essa experiência e sempre obteríamos o mesmo resultado. Qualquer coisa que eu imagine para mim é igualado, exatamente no mesmo momento, para você. Não apenas consigo influenciar a forma de um conjunto de ondas-partículas, como também as ondas-partículas são de algum modo capazes de transmitir a forma que estão assumindo, através da distância, da minha casa até a sua, mais rápido do que a velocidade da luz. Esse é o significado da comunicação ou correlação não-local.

Cleve Baxter, nosso colega e amigo no Chopra Center, realizou interessantes experiências. Ele desenvolveu em 1972 uma metodologia para estudar células humanas que tinham sido isoladas do corpo de uma pessoa. Em uma das experiências, por exemplo, ele pegou espermatozóides humanos e os estudou em um tubo de ensaio, fazendo eletrólise e medindo a atividade eletromagnética deles através de aparelhos semelhantes a eletroencefalógrafos. O doador do esperma foi colocado em uma sala situada mais ou menos a doze metros de distância do laboratório. Quando o homem que doou o esperma esmagou uma cápsula de nitrato de amila e inalou os vapores, ocorreu um pico na atividade eletromagnética do esperma no laboratório três salas depois.

Certo dia, Cleve Baxter estava isolando leucócitos a fim de estudá-los e algo muito interessante aconteceu. Como parte do procedimento, ele centrifugou a sua saliva para obter um número concentrado de leucócitos, colocou-os a seguir em um pequeno tubo de ensaio e inseriu fios de eletrodos de ouro conectados a aparelhos semelhantes a eletroencefalógrafos. De repente, ele teve a idéia de fazer um pequeno corte no dorso da mão para ver se isso afetaria os seus leucócitos. Ele foi pegar um bisturi esterilizado em uma prateleira próxima. Ao voltar, deu uma olhada no gráfico que estava registrando a atividade eletromagnética dos leucócitos. Ele já tinha registrado uma intensa atividade enquanto buscava o bisturi. Em outras palavras, os leucócitos estavam reagindo à *intenção* de Baxter de cortar a mão, antes de ele efetivamente fazer o corte.

Em outra ocasião, Cleve Baxter estava treinando um colega para recolher leucócitos bucais. Por algum motivo, eles começaram a discutir a respeito de um artigo da revista *Playboy*, uma entrevista com William Shockley, um cientista muito controvertido na época. De repente, Cleve Baxter se lembrou de que seu sócio tinha uma cópia daquele número da revista na mesa de trabalho. Saiu rapidamente do recinto, encontrou a revista que procurava e voltou para o laboratório. A esta altura, Steve, o seu colega, tinha acabado de recolher sua cultura de células e colocado eletrodos nelas. Cleve Baxter focalizou uma câmera de vídeo, instalada sobre um tripé, por cima do ombro de Steve para possibilitar uma correlação posterior do que Steve estaria vendo. Outra câmera de vídeo foi montada sobre o gráfico que estava registrando o progresso da experiência. As duas imagens das câmaras de vídeo foram então combinadas através da tecnologia de *split-screen* [tela dividida]. Isso garantiu que haveria um registro preciso da cronometragem das possíveis reações. Enquanto Steve folheava a revista *Playboy* em busca do artigo, deparou com a página central que exibia Bo Derek do jeito como veio ao mundo. Segundo Cleve Baxter: "Enquanto Steve dizia em voz alta: 'Eu não pensava que ela fosse tudo isso', seus leucócitos no tubo de ensaio exibiram uma intensa reação, atingindo os limites superiores e inferiores do quadro de registros." Após dois minutos de contínua reatividade, Cleve Baxter sugeriu que Steve fechasse a revista. Quando ele fez isso, seus leucócitos com eletrodos se acalmaram. A seguir, um minuto depois, quando Steve estendeu a mão para abrir de novo a revista, as células novamente apresentaram um pico. Cleve Baxter declara o seguinte: "O fato de Steve ter experimentado essa observação de alta qualidade, conhecendo os sentimentos e pensamentos de sua mente, pôs um fim a qualquer ceticismo."

Cleve Baxter realizou muitas experiências semelhantes que revelaram que as células de todos os organismos biológicos, inclusive das plantas e de uma variedade de bactérias, têm a capacidade da biocomunicação. Todas as células vivas possuem uma consciência celular e são capazes de se comunicarem com outras células da mesma ou de outras espécies, mesmo quando estão fisicamente separadas. Além disso, essa comunicação é instantânea. Como a distância no espaço também é a distância no tempo, poderíamos portanto afirmar que os eventos separados uns dos outros no tempo, ocorrendo ou no passado ou no futuro, poderiam ser instantaneamente correlacionados.

Em uma extensão dessa pesquisa, a comunicação não-local também foi demonstrada em pessoas. Na famosa experiência de

Grinberg-Zylberbaum, publicada em 1987, cientistas usaram um dispositivo conhecido como um eletroencefalógrafo para medir as ondas cerebrais de duas pessoas que meditavam juntas. Descobriram que os padrões das ondas cerebrais de alguns pares de pessoas que eles mediram apresentaram uma forte correlação, sugerindo um vínculo estreito ou um relacionamento mental. Esses meditadores eram capazes de identificar quando sentiam estar em uma "comunicação direta" um com o outro, o que era confirmado pelos aparelhos que mediam suas ondas cerebrais. Foi pedido aos pares que estavam estreitamente ligados que meditassem durante vinte minutos. Passado esse tempo, uma das pessoas era conduzida a outra sala que era a seguir fechada e isolada. Depois que os meditadores eram colocados em salas separadas, era solicitado a eles que tentassem estabelecer uma comunicação direta entre um e outro. A pessoa que tinha sido levada para a outra sala era então estimulada por luzes brilhantes que lampejavam na sala, o que dava origem a pequenos piques nas suas ondas cerebrais chamadas potenciais evocados. Como as ondas cerebrais de ambos os meditadores ainda estavam sendo medidas, os cientistas puderam perceber que a pessoa que estava sendo exposta à luz efetivamente apresentou pequenos piques de potenciais evocados. No entanto, a parte fascinante da experiência é que o *meditador que não foi exposto à luz também exibiu pequenos piques de ondas cerebrais* que correspondiam aos potenciais evocados do meditador exposto à luz. Desse modo, as duas pessoas estavam ligadas em um nível profundo (por meio da meditação), e essa conexão acarretava reações físicas mensuráveis até mesmo na pessoa que não estava exposta ao estímulo da luz. O que acontecia a uma delas acontecia à outra, automática e instantaneamente.

Esses resultados só podem ser explicados pela correlação não-local, que ocorre na esfera virtual, o nível do espírito que conecta, organiza e sincroniza todas as coisas. Esse campo ilimitado de inteligência ou consciência está em toda parte, manifestando-se em tudo. Nós o vimos atuar no nível da partícula subatômica – o componente básico de todas as coisas – e o vimos conectar duas pessoas no nível que transcende a separação. Mas você não precisa ir a um laboratório para ver essa inteligência não-local em ação. A prova está à nossa volta, nos animais, na natureza e até mesmo no nosso corpo.

2

O SINCRONISMO NA NATUREZA

Vemos exemplos de sincronismo na natureza com tanta freqüência que eles começam a parecer comuns. Mas olhe de novo com olhos que estejam em sintonia com a quase-impossibilidade do que está acontecendo e o conceito de sincronismo começará a fazer sentido. Olhe para cima, por exemplo, em um dia de verão e fique aguardando surgir um bando de pássaros. Como o cardume de peixes que mencionei anteriormente, eles parecem estar avançando em formação; quando mudam de direção, executam sincronicamente os mesmos movimentos. Um único bando de pássaros pode incluir centenas de aves individuais, mas cada uma se move em harmonia com todas as outras sem ter um líder óbvio. Mudam de direção em um instante, com todos os pássaros alterando o curso exatamente no mesmo momento, e o fazem com perfeição. Nunca vemos pássaros se chocando uns contra os outros enquanto voam. Eles sobem, viram e se precipitam, dando a impressão de ser um único organismo, como se um comando tácito fosse lançado e eles obedecessem de imediato. Como isso acontece? Não há tempo suficiente para uma troca de informações, de modo que qualquer correlação de atividade entre as aves tem de estar acontecendo de um modo não-local.

Há anos os físicos vêm se esforçando para descobrir as propriedades que orientam os movimentos dos pássaros, até agora sem êxito. A complexidade e a absoluta precisão do comportamento das aves confundem constantemente a ciência. Engenheiros têm estudado o movimento dos pássaros para verificar se existe uma maneira de descobrir princípios que possam se traduzir em soluções para os congestionamentos de trânsito. Se conseguissem, de alguma maneira, utilizar o mecanismo sensorial usado pelos pássaros e traduzi-lo em diretrizes do projeto de estradas ou carros, talvez nunca mais houvesse um acidente. Saberíamos antecipadamente o que todos os outros carros na estrada iriam fazer a cada momento. No entanto, esse projeto nunca teria sucesso porque não existe uma analogia que possa ser trazida para o mundo mecânico. A comunicação instantânea que habitualmente vemos nos bandos de pássaros e cardumes de peixes é proveniente do nível espiritual, a inteligência organizadora não-local da esfera virtual. O resultado é o sincronismo, seres que estão completamente em sintonia com o ambiente e uns com os outros, que dançam ao ritmo do cosmo.

Embora os pássaros e os peixes ofereçam o exemplo mais notável de sincronismo na natureza, existem tantos exemplos quanto criaturas na terra. Todas as criaturas sociais exibem indícios da comunicação não-local e amplas pesquisas realizadas com insetos e animais de rebanho demonstraram que as reações deles a ameaças são imediatas e mais rápidas do que poderiam ser explicadas pelos métodos normais de comunicação.

O cientista Rupert Sheldrake realizou algumas pesquisas fascinantes de casos que parecem envolver a comunicação não-local entre cães e seus companheiros humanos. As pessoas e os cachorros podem formar vínculos muito estreitos, e Sheldrake documentou casos nos quais os cães parecem saber quando o dono está vindo para casa. O cachorro se senta na porta da frente da casa de dez minutos a duas horas antes da chegada do dono. Céticos afirmaram que se tratava apenas de um hábito, que o dono volta para casa todos os dias a uma hora específica ou que o cão pode ouvir o barulho do carro ou sentir o cheiro do dono a quilômetros de distância. No entanto, esses cães conseguem predizer a chegada do dono quando ele volta para casa em horas inesperadas, dirigindo outro carro, a pé ou mesmo quando o vento está soprando na direção oposta, o que impediria que o cheiro do dono pudesse chegar até a casa.

Isso não acontece com todos os cachorros ou com todos os donos, mas quando ocorre é um fenômeno muito poderoso. Mais surpreendente ainda é o fato de Sheldrake ter demonstrado que os cães podem detectar uma intenção. Digamos que o dono esteja passando duas semanas de férias em Paris e que o cão esteja em casa, em Londres. Se o dono de repente muda de planos e resolve voltar para casa uma semana mais cedo, o cachorro exibe os mesmos sinais de expectativa uma semana antes. Assim que o dono pensa: "Está na hora de voltar para casa", o cão se levanta do lugar onde estava dormindo e se senta na entrada da casa abanando o rabo, esperando o dono chegar.

Para garantir que as observações não se baseassem no que o dono gostaria que fosse verdade em vez de na realidade dos fatos, as pesquisas observaram o modo como cães específicos reagiam às intenções do dono de voltar para casa. Câmeras de vídeo foram instaladas na casa e apontadas para os lugares onde o cachorro tinha a probabilidade de estar – na cama, na porta da frente, na cozinha. O dono iria embora sem ter nenhuma idéia do lugar para onde estava indo ou de quando voltaria para casa; essa determinação foi feita pelos cientistas. Somente depois de entrar no carro, ele recebia instruções sobre o seu destino. Mais tarde, em momentos aleatórios, um cientista enviava uma mensagem para o dono do cachorro dizendo que estava na hora de voltar para casa. A hora era anotada e comparada com o momento das ações do cão nos videoteipes. Quando o dono começava a voltar para casa, o cachorro quase sempre se dirigia para a porta da frente e ficava esperando a volta dele, independentemente de onde ele estivesse, da hora que fosse ou do tempo que levaria para chegar em casa.

Não existe nenhuma dúvida de que certas pessoas têm uma ligação muito forte com seus cães; elas estão *correlacionadas* com os animais. Eles estão sincronizados e, através desse vínculo, o dono e o cachorro experimentam a comunicação não-local.

Exemplos de sincronismo podem ser encontrados com freqüência no mundo animal, porque os animais estão mais em contato com a natureza fundamental das coisas. Nós, humanos, perdemos o sentimento de conexão em um rebuliço de preocupações a respeito do pagamento do aluguel, do carro que devemos comprar e de um milhão de outras distrações. Tão logo desenvolvemos um ego, o sentimento do "eu" que é diferente de tudo o mais, essas ligações são ofuscadas.

No entanto, algumas pessoas experimentam um forte sincronismo e não precisam ter o hábito de meditar. Todos já ouvimos falar em gêmeos idênticos que conseguem se sintonizar de imediato com o que o irmão está sentindo ou pensando. Esse mesmo tipo de ligação pode ser visto em outras pessoas fortemente conectadas. Certa vez, eu estava conversando com um paciente quando, de repente, ele sentiu uma dor intensa no abdômen e começou a rolar no chão. Quando lhe perguntei o que estava acontecendo, ele respondeu: "É como se alguém tivesse me apunhalado bem aqui." Mais tarde, descobrimos que naquele exato momento a mãe dele tinha sido assaltada na Filadélfia e apunhalada no abdômen. Ele tinha uma ligação muito forte com a mãe; tratava-se provavelmente do relacionamento mais importante na sua vida. Eles estavam de tal maneira sintonizados que, em algum nível, era como se a fisiologia de ambos fosse uma só. Poderíamos dizer que estavam *concatenados* um com o outro.

A concatenação é apenas outra palavra para *correlação* ou *sincronização;* ela é usada na maioria das vezes por cientistas para descrever o estado de existência "apanhado" por outra força ou substância. As partículas, por exemplo, podem estar concatenadas em uma corrente de líquido e fluir imersas nele. A palavra nos ajuda a descrever como as coisas se tornam correlacionadas umas com as outras. Lembre-se de que o sincronismo só tem lugar quando as pessoas, os animais ou os objetos têm um estreito relacionamento ou estão concatenados um com o outro.

Em um exemplo de *concatenação*, pesquisadores de campo observaram tribos africanas nas quais as mães têm um relacionamento muito estreito com os filhos, que começa antes de eles nascerem. No momento da concepção, a mãe escolhe um nome e escreve uma música para o bebê. Ela canta essa música durante toda a gravidez, enquanto o bebê ainda está no útero. Na hora do parto, os vizinhos se aproximam e cantam a música para o bebê. Mais tarde, em cada momento importante da vida desse ser, eles cantam essa música: nos aniversários, na iniciação quando o bebê se torna criança, durante os ritos da puberdade, no noivado e no casamento. A música torna-se o esteio para o vínculo original entre a mãe e o bebê, estendendo-se inclusive além da morte, quando a música é cantada no enterro da pessoa. Essa é uma das maneiras pelas quais a criança é concatenada com o mundo da mãe e da tribo. Ela cria uma ligação tão íntima que caso o bebê esteja em algum lugar no mato e a mãe no campo, e um deles sentir qualquer tipo de desconforto, o outro sentirá no corpo a mesma coisa e no exato momento.

Outro exemplo bastante conhecido da comunicação não-local entre mãe e filho é o leite vazar do peito quando o bebê chora de fome, mesmo que mãe e filho estejam em locais diferentes.

Os meditadores que descrevi no capítulo anterior se conheciam e gostavam um do outro antes da experiência, mas foram adicionalmente concatenados pela meditação. Uma coisa é ter uma conexão social, ser marido e mulher, ou irmãos, mas para que a comunicação não-local tenha lugar é preciso haver também uma conexão mais profunda. Falando dessa maneira, parece ser extremamente difícil formar esse tipo de ligação, mas na verdade todos estamos constantemente em contato com a inteligência não-local. O simples fato de o nosso corpo existir depende totalmente da comunicação não-local.

Como é possível que algo tão real e substancial quanto o nosso corpo dependa da comunicação virtual? Considere que o corpo humano se compõe aproximadamente de cem trilhões de células, cerca de mil células para cada estrela que brilha na Via Láctea. Bastam cinqüenta replicações, começando com o óvulo unicelular fertilizado, para produzir esses cem trilhões de células. A primeira replicação fornece duas células. A segunda, quatro. A terceira, dezesseis células e assim por diante. Na qüinquagésima replicação, temos cem trilhões de células no corpo, e é quando ela é interrompida.

Desse modo, todas as células do nosso corpo começam a partir de uma única célula que vai sucessivamente se replicando e, em algum ponto do caminho, as células se diferenciam. Existem cerca de duzentos e cinqüenta tipos diferentes de células no corpo humano, desde a simples célula gordurosa esférica à tênue célula nervosa que se ramifica. Os cientistas ainda não têm a menor idéia de como uma única célula acaba se dividindo em tantos tipos diferentes de células que posteriormente são capazes de se organizar em um estômago, um cérebro, na pele, nos dentes e em todas as outras partes altamente especializadas do corpo.

Além de realizar um trabalho específico no corpo, cada célula faz alguns milhões de coisas por segundo apenas para continuar a funcionar: cria proteínas, ajusta a permeabilidade da sua membrana e processa nutrientes, citando apenas algumas. Cada célula também precisa saber o que todas as outras estão fazendo, caso contrário o corpo se desintegraria. O corpo humano só pode funcionar se estiver operando sincronicamente, o que só pode acontecer por meio da correlação não-local. De que outra maneira poderiam um trilhão de células, cada uma fazendo um milhão de coisas por segundo, coordenar suas atividades para sustentar um ser humano vivo que respira? De que outro modo poderia um corpo humano, ao mesmo tempo, gerar pensamentos, remover toxinas, sorrir para um bebê ou até mesmo fazer um bebê?

Para poder mexer os dedos do meu pé, tenho primeiro de pensar que gostaria de fazer isso. O pensamento ativa o córtex cerebral que a seguir envia para baixo um impulso nervoso através da medula espinhal, que passa pelas pernas e finalmente chega aos dedos do pé. Esse processo em si é milagroso. De onde veio o pensamento? Antes dele, não havia nenhuma energia, mas assim que tive o pensamento e a intenção de mexer os dedos, ele criou uma tempestade eletromagnética controlada no meu cérebro, que se transferiu para o nervo e fez com que ele expelisse uma determinada substância química. A seguir, os meus dedos se moveram. Trata-se de um fenômeno extremamente linear, mecânico e local, a não ser pela primeira parte, o pensamento que deu início a tudo.

De que maneira o pensamento criou a eletricidade? Os cientistas compreendem totalmente os mecanismos do corpo: o potencial da ação, os neurotransmissores e as contrações musculares, mas ninguém consegue mostrar por meio da experiência de onde vem o pensamento. Ele não pode ser visto, mas sem ele estaríamos paralisados. Sem o pensamento, não movemos os dedos. De algum modo a percepção consciente transforma-se em informação e energia. Onde isso acontece?

A resposta é que o pensamento tem origem na esfera virtual.

Nosso corpo se comporta sincronicamente o tempo todo. Sempre que ocorre um pequeno distúrbio no corpo físico, o corpo inteiro reage. Suponha, por exemplo, que você não se alimentou o dia inteiro, e o seu nível de açúcar no sangue começa a cair. Imediatamente, todo um sincronismo de eventos entra em ação para elevar o nível de açúcar no sangue. O pâncreas segrega um hormônio chamado glucagon, que converte o açúcar armazenado no fígado em glicose, que imediatamente se torna disponível para a energia. Além disso, as células gordurosas liberam ácidos graxos e glicose na corrente sangüínea e o sistema nervoso estimula os músculos esqueléticos a liberar as suas reservas de glicose. Todas essas coisas acontecem simultaneamente. Os níveis de insulina caem e o ritmo cardíaco se acelera para mobilizar energia. Quase um milhão de coisas têm lugar no corpo com a intenção de levar o nível de açúcar de volta ao normal. E essa é apenas uma das funções entre todas as outras que ocorrem ao mesmo tempo em todo o corpo. Tudo isso só pode ser possível através da comunicação não-local, de informações que se correlacionam mais rápido do que a velocidade da luz, fora dos limites da física clássica.

Foi sugerido que essa comunicação não-local se estabelece devido à ressonância da atividade elétrica do coração. O coração possui uma coisa que funciona como um marca-passo, que mantém a pulsação normal em cerca de setenta e duas batidas por minuto. O marca-passo no coração libera um impulso elétrico com alguns segundos de intervalo, e esse impulso causa a contração mecânica do coração. A corrente elétrica sempre tem ao redor de si um campo eletromagnético. (Os campos eletromagnéticos são basicamente fótons que se comportam de uma determinada maneira.) Assim sendo, o coração, a cada pulsação, transmite sua energia eletromagnética para o resto do corpo. Ele envia até mesmo o seu campo eletromagnético para fora do corpo (se o campo for amplificado, outras pessoas poderão registrar o recebimento desses sinais!). A energia é enviada para todo o corpo. Desse modo, o coração é o oscilador mestre do corpo, com o seu próprio campo eletromagnético. Ele cria um campo de ressonância para que cada célula do corpo comece a se concatenar com todas as outras, o que faz com que cada célula fique sincronicamente sintonizada com todas as outras células.

Quando as células são capturadas no mesmo campo de ressonância, elas dançam a mesma música. Pesquisas demonstraram que as emoções que têm lugar quando pensamos criativamente, estamos tranqüilos ou sentimos amor geram um campo eletromagnético muito coerente, que é irradiado para o resto do corpo. Essas emoções também criam um campo de ressonância no qual todas as células do corpo se entrelaçam. Cada célula sabe o que todas as outras células estão fazendo porque todas estão fazendo a mesma coisa, ao mesmo tempo que expressam com eficiência suas funções individuais: as células do estômago estão fabricando o ácido clorídrico, as células imunológicas estão gerando anticorpos, as células pancreáticas estão produzindo insulina e assim por diante.

Em um corpo saudável, esse sincronismo está perfeitamente regulado. As pessoas que gozam de boa saúde estão firmemente envolvidas nesses ritmos. Quando a doença tem lugar, há algo errado com algum desses ritmos. O estresse é o maior desestabilizador. Se você estiver estressado, sentindo hostilidade, o equilíbrio do seu corpo é afetado. O estresse rompe nossa conexão não-local com tudo o mais. Quando você fica doente, uma parte do seu corpo está começando a se debilitar. Ela está deixando de estar em sintonia com o campo de inteligência não-local.

Muitas emoções podem perturbar o campo eletromagnético no coração, mas a raiva e a hostilidade são as que foram documentadas com maior precisão. Quando essa sincronização é perturbada, o corpo começa a se comportar de uma maneira fragmentada. O sistema imunológico é reprimido, o que gera outros problemas, como uma maior suscetibilidade ao câncer, às infecções e ao envelhecimento acelerado. Esse efeito é tão forte que os animais conseguem detectá-lo. Quando um cachorro vê uma pessoa que está fomentando hostilidade, ele late e exibe um comportamento feroz. Aonde quer que vá, você irradia quem você é nesse nível bem íntimo.

No entanto, nossa conexão com a inteligência não-local não termina no limite do corpo. Assim como ele, o universo também está em equilíbrio, e exibe esse equilíbrio em ritmos ou ciclos.

Enquanto gira ao redor do Sol, a Terra cria ritmos sazonais. O inverno se transforma na primavera e os pássaros começam a migrar, os peixes procuram os locais de desova, as flores florescem, as árvores brotam, os frutos amadurecem, os pintos saem da casca. Essa mudança na natureza – uma leve inclinação da Terra – dá início a uma avalanche de eventos não-locais. Toda a natureza age como se fosse um único organismo. Até mesmo as pessoas se sentem diferentes durante várias estações. Algumas tendem a ficar deprimidas no inverno e a se apaixonar na primavera. Sob o aspecto bioquímico, certas mudanças no nosso corpo correspondem ao movimento do planeta. A natureza é uma sinfonia e somos parte dela.

Enquanto a Terra gira ao redor do seu eixo, ela nos dá algo que se chama ritmo circadiano, ou diário. As criaturas noctívagas ficam acordadas à noite e dormem durante o dia. As aves vão em busca de alimento em ocasiões específicas conhecidas como as horas dos pássaros. Nosso corpo também está sincronizado com os ritmos circadianos. Passo a maior parte do tempo na Califórnia e, sem nenhum esforço consciente, o meu corpo se encaixa em um ritmo californiano que combina com o meu fuso horário. Meu corpo começa a esperar o nascer do sol, possibilitando que eu acorde mais ou menos à mesma hora todos os dias, e o ritmo dele fica mais lento à noite, permitindo que eu me prepare para dormir. Enquanto durmo, meu corpo ainda está extremamente ativo, fazendo-me passar pelos diferentes estágios do sono, modificando minhas ondas cerebrais. Os hormônios que controlam e regulam diferentes funções físicas ainda são produzidos e segregados, porém em quantidades distintas daquelas das horas em que estou acordado. Cada célula ainda leva a cabo suas milhões de atividades diferentes, enquanto o corpo como um todo conduz seu ciclo noturno.

Sentimos na Terra os efeitos do Sol no ritmo circadiano, e os efeitos na Lua no ritmo lunar, enquanto ela passa pelas suas diferentes fases. Os ciclos da Lua atuam no nosso corpo, correlacionando-se instantaneamente com os movimentos planetários. O ciclo menstrual de vinte e oito dias da mulher é afetado pela Lua e existem outros ritmos mensais mais sutis que influenciam o humor e a produtividade de todas as pessoas. Os efeitos gravitacionais do Sol e da Lua sobre a Terra causam as marés dos oceanos, que também afetam nosso corpo. Afinal de contas, há milhões de anos nós também habitávamos o oceano. Quando resvalamos para a terra, trouxemos conosco parte do oceano. Oitenta por cento do nosso corpo possui a mesma composição química do oceano que um dia chamamos de lar e ainda é afetado pela atração da maré.

Todos esses ritmos – o circadiano, o lunar e o sazonal – estão em sintonia uns com os outros. Existem ritmos dentro de ritmos dentro de ritmos. E essa ressonância ecoa à nossa volta e dentro de nós. Não somos estranhos ao processo; somos parte dele, vibrando com a pulsação do universo. A inteligência não-local está dentro e ao redor de nós. Ela é espírito, o potencial a partir do qual tudo emerge. Ela é a base do nosso ser; é adimensional; não possui volume, energia ou massa, e não ocupa nenhum espaço. Tampouco existe no tempo. Todas as experiências são projeções localizadas dessa realidade não-local, que é um potencial singular e unificado. Aqui tudo é inseparavelmente único. Nesse nível mais profundo de realidade, você *é* essa inteligência não-local, um ser universal que observa a si mesmo através de um sistema nervoso humano. Assim como um prisma decompõe um único feixe de luz nas cores do espectro, a inteligência não-local, ao observar a si mesma, desmembra a realidade em uma multiplicidade de aparências.

Pense no universo como um único e enorme organismo. A vastidão dele é uma realidade projetada, perceptiva; embora "lá fora" você possa estar vendo um grande estádio de futebol com milhares de pessoas, o verdadeiro fenômeno é um pequeno impulso elétrico dentro do seu cérebro que você, o ser não-local, interpreta como um jogo de futebol. O Ioga Vasishta, um antigo texto védico, diz o seguinte: "O mundo é como uma enorme cidade refletida em um espelho. O universo também é um enorme reflexo seu na sua própria consciência."

Ele é, em resumo, a alma de todas as coisas.

3

A NATUREZA DA ALMA

Na vastidão do oceano, não existe nenhum ego. Visto a partir de uma grande distância, da Lua ou de um satélite, o oceano parece calmo e inanimado, uma grande faixa azul cingindo a terra. Mas à medida que nos aproximamos cada vez mais do oceano, percebemos que ele está em constante movimento, agitado por correntes e marés, contracorrentes e ondas. Vemos esses padrões oceânicos como entidades distintas. À medida que cada onda é criada, podemos observá-la encapelar, quebrar e precipitar-se para a praia. No entanto, é impossível separar a onda do oceano. Você não pode tirar uma onda com uma concha, colocá-la em um balde e levá-la para casa. Se tirar a foto de uma onda e voltar no dia seguinte, nenhuma onda se ajustará perfeitamente a ela.

Quando começamos a compreender a alma, o mar oferece uma maravilhosa analogia. Imagine o oceano em uma realidade não-local, o campo de infinitas possibilidades, o nível virtual da existência que sincroniza todas as coisas. Cada um de nós é como uma onda nesse oceano. Somos criados a partir dela e ela forma a essência de quem somos. Assim como a onda assume uma forma específica, nós também ostentamos padrões intricados da realidade não-local. Esse vasto e infinito oceano de possibilidade é a essência de todas as coisas no mundo físico. O oceano representa o não-local, e a onda, o local. Os dois estão intimamente conectados.

Tão logo definimos a alma como sendo oriunda da esfera não-local, ou virtual, nosso lugar no universo torna-se extraordinariamente claro. Somos ao mesmo tempo locais e não-locais, um padrão individual emergindo da inteligência não-local, que também é parte de todos e de tudo. Por conseguinte, podemos pensar na alma como tendo duas partes. A alma vasta, não-local, existe como o nível virtual ou do espírito. Ela é poderosa, pura e capaz de qualquer coisa. A parte pessoal, local, da alma existe no nível quântico. É ela que alcança a vida do dia-a-dia e sustenta a essência de quem somos. Ela também é poderosa, pura e capaz de qualquer coisa. O mesmo potencial ilimitado do espírito infinito também reside em cada um de nós. A alma pessoal, que nos vem à cabeça quando pensamos no nosso "eu", é uma emanação da alma eterna.

Se conseguíssemos aprender a viver a partir do nível da alma, veríamos que a nossa parte melhor e mais luminosa está conectada a todos os ritmos do universo. Verdadeiramente nos conheceríamos como os fazedores de milagres que somos capazes de ser. Ficaríamos livres do medo, do anseio, do ódio, da ansiedade e da hesitação. Viver a partir do nível da alma significa deixar para trás o ego, as limitações da mente que nos atrelam aos eventos e resultados do mundo físico.

Não existe nenhum "eu" individual clamando por atenção na vastidão do oceano. Existem ondas, contracorrentes e marés, mas no final, tudo é o oceano. Todos somos padrões de não-localidade fingindo ser pessoas. No fim, tudo é espírito.

No entanto, todos nos sentimos muito individuais, não é mesmo? Os nossos sentidos nos garantem que nosso corpo é real, e temos pensamentos muito pessoais e individuais. Aprendemos coisas, nos apaixonamos, temos filhos e trabalhamos na nossa profissão. Por que não sentimos esse vasto oceano revolvendo dentro de nós? Por que nossa vida parece tão limitada? Tudo volta aos três níveis da existência.

No nível físico, que chamamos de mundo real, a alma é o observador no meio da observação. Sempre que observamos alguma coisa, três componentes estão envolvidos. O primeiro, que ocorre no mundo físico, é o objeto de observação. O segundo, que tem lugar no nível da mente, é o processo de observar. O terceiro componente da observação é o observador efetivo, que chamamos alma.

Vamos examinar um simples exemplo dos três componentes da observação. Primeiro, um animal peludo, de quatro pernas, torna-se o objeto da sua observação. A seguir, seus olhos recebem a imagem do objeto e transmitem o sinal para a sua mente, que interpreta o objeto como sendo um cachorro. Mas quem está observando o cachorro? Volte a percepção para o interior e você se tornará consciente de uma presença dentro de você. Essa presença é a sua alma, a extensão da vasta inteligência não-local que está se manifestando em você. Desse modo, a mente está envolvida no processo do conhecimento, mas a alma é aquela que conhece. Essa presença, essa percepção consciente, essa alma, a que conhece, é imutável. Ela é o ponto imóvel de referência no meio do cenário em transformação do mundo físico.

Todos possuímos uma alma, mas como cada um de nós observa as coisas a partir de um lugar diferente e de um conjunto distinto de experiências, não as observamos exatamente da mesma maneira. As variações no que observamos se baseiam nas interpretações da nossa mente. Se você e eu observássemos um cachorro, por exemplo, teríamos pensamentos diferentes. Eu poderia vê-lo como um animal feroz e talvez ficasse com medo. Você poderia olhar para o mesmo cão e enxergá-lo como um amigo e companheiro. Nossas mentes interpretam a observação de modos diferentes. Quando vejo um cachorro, fujo correndo. Quando você vê um cachorro, assobia e brinca com ele.

A interpretação acontece no nível mental, mas é a nossa alma individual que está condicionada pela experiência, e através dessa memória da experiência passada a alma influencia nossas escolhas e a maneira como interpretamos a vida. Essas minúsculas sementes de memória se amontoam na alma individual ao longo de uma vida e essa combinação de memória e imaginação baseada na experiência se chama carma. O carma se acumula na parte pessoal da alma, a onda na essência do nosso ser, e a colore. Essa alma pessoal governa a consciência e fornece um gabarito para o tipo de pessoa que cada um de nós virá a ser. Além disso, as ações que praticamos podem afetar essa alma pessoal e modificar nosso carma, para melhor ou pior.

A parte universal, não-local da alma não é afetada por essas ações, estando conectada a um espírito que é puro e imutável. Na verdade, a definição de *iluminação* é "o reconhecimento de que sou um ser infinito que vejo e sou visto a partir de um ponto de vista particular e localizado, observo e sou observado a partir de uma perspectiva localizada". Não importa o que mais possamos ser, independentemente da confusão que possamos ter feito na vida, sempre é possível entrar em contato com a parte da alma que é universal, o campo infinito de puro potencial, e modificar o curso do nosso destino. Isso é o sincrodestino, ou seja, tirar vantagem dessa conexão entre a alma pessoal e a alma universal para moldar a nossa vida.

Desse modo, as sementes de memória construídas pela experiência, o carma, ajudam a determinar quem somos. Mas outras coisas além do carma moldam a individualidade da alma pessoal; os relacionamentos também desempenham um papel importante na construção da alma. Vou explicar o que quero dizer examinando mais de perto os diferentes aspectos da nossa existência. Quando consideramos nosso corpo físico, descobrimos que na verdade somos uma coleção de moléculas recicladas. Nossas células são criadas, morrem e são substituídas muitas vezes no decorrer da nossa vida. Estamos constantemente nos reconstituindo. A fim de se regenerar, o corpo converte os alimentos que comemos em componentes básicos da vida. A própria terra fornece os nutrientes de que precisamos para nos renovar, e quando nos livramos das células elas voltam para a terra. Poderíamos dizer, então, que estamos constantemente transformando nosso corpo físico ao reciclar a terra.

A seguir, pense nas emoções. Elas são apenas energia reciclada. As emoções não são provenientes de nós. Elas vêm e vão dependendo das situações, circunstâncias, relacionamentos e eventos. No dia 11 de setembro de 2001, a data da tragédia do World Trade Center, o medo e o terror foram emoções comuns, desencadeadas pelos eventos daquele dia. Essas poderosas emoções continuaram a existir durante meses. Elas nunca são criadas isoladas; elas sempre têm lugar devido a alguma interação com o ambiente. Na ausência de circunstâncias ou relacionamentos, não há nenhuma emoção. Desse modo, embora eu possa ficar furioso, não se trata realmente da minha raiva e sim da raiva que se instalou em mim por algum tempo.

Pense na última vez em que você se viu cercado por pessoas que estavam sentindo emoções semelhantes – uma multidão irada, pessoas que se lamentavam em um enterro ou torcedores do time que venceu uma partida de futebol. É quase impossível deixar de ser envolvido pela emoção, porque ela é muito poderosa quando expressada por tantas pessoas simultaneamente. Não seria a "sua" raiva, tristeza ou alegria nessas situações. Cada emoção depende do contexto, das circunstâncias e dos relacionamentos que definem sua realidade naquele momento.

E o que dizer dos pensamentos? Bem, eles são informação reciclada. Cada pensamento que temos é na verdade parte de um banco de dados coletivo. Há cem anos eu não poderia ter dito: "Vou para Disney World pela Delta Air Lines." Não havia nenhum conceito dessas coisas no mundo em geral, de modo que eu não poderia ter tido esse pensamento. Não havia nem Disney World nem Delta Air Lines, e muito menos as viagens aéreas comerciais. Todos os pensamentos, exceto os extremamente originais, nada mais são do que informação reciclada, e até mesmo os mais originais são na verdade saltos quânticos de criatividade que ocorrem a partir dessa mesma base reciclada de informações.

Embora a frase "salto quântico" tenha se tornado comum nas conversas do dia-a-dia, possui na verdade um significado muito específico. Nas aulas sobre os átomos na escola, geralmente aprendemos que existe um núcleo que contém prótons e nêutrons, e que elétrons giram ao redor do núcleo em órbitas que se situam a diferentes distâncias do núcleo.

Aprendemos que os elétrons permanecem em uma órbita particular, mas às vezes mudam para uma órbita diferente. Caso absorva energia, um elétron pode saltar para uma órbita mais elevada; caso libere energia, pode descer para uma órbita mais baixa.

Átomo de sódio (Na)

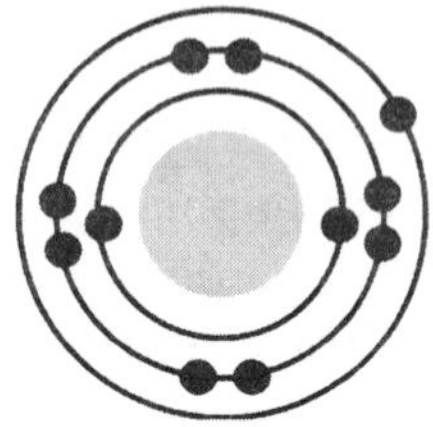

O que a maioria de nós nunca aprende é que quando um elétron muda de órbita, ele não se move através do espaço para chegar à sua nova localização; em vez disso, em um momento o elétron está na órbita A e, no momento seguinte, está na órbita B, *sem ter viajado através do espaço entre elas.* Isso é que é chamado de salto quântico. Um salto quântico é uma mudança no status de um conjunto de circunstâncias para outro conjunto de circunstâncias que tem lugar imediatamente, sem passar pelas circunstâncias intermediárias.

Os cientistas aprenderam que não podem prever quando e onde um salto quântico irá ocorrer. Eles conseguem criar modelos matemáticos que lhes permitem estimar os saltos quânticos, mas estes nunca são totalmente previsíveis. Em um nível subatômico, essa pequena parcela de imprevisibilidade parece inconseqüente. Se um elétron salta de órbita em órbita, o que isso tem a ver comigo? Bem, quando consideramos todos os átomos no mundo e toda essa imprevisibilidade, somos obrigados a olhar para o mundo de uma maneira totalmente nova.

Os cientistas reconhecem a imprevisibilidade da natureza e vêm tentando compreendê-la. Até mesmo os eventos mais simples são governados por essa imprevisibilidade. Quando e onde as bolhas vão aparecer em uma panela com água fervente? Que padrões serão formados pela fumaça de um cigarro? De que maneira a posição das moléculas de água no topo de uma cachoeira se relaciona com a posição que elas posteriormente assumem no fundo? James Gleick escreveu no seu livro *Chaos* que no que diz respeito à física clássica, Deus pode muito bem ter embaralhado pessoalmente, em segredo, todas essas moléculas de água.

A nova ciência do caos está tentando prever o imprevisível por meio de intricados modelos matemáticos. No exemplo clássico, uma borboleta bate as asas no Texas e seis dias depois tem lugar um tufão em Tóquio. A conexão pode não parecer óbvia, mas existe. Essa pequena mudança na pressão do ar causada pela borboleta pode vir a ser multiplicada e ampliada, resultando em um tornado. No entanto, isso nunca pode ser totalmente previsto. É por esse motivo que os técnicos do serviço de meteorologia parecem errar com tanta freqüência e também a razão pela qual qualquer previsão do tempo que ultrapasse as quarenta e oito horas não é confiável. No entanto, entre as possíveis ocorrências no mundo, as condições atmosféricas são mais previsíveis do que quase todas as outras coisas.

Em um nível espiritual, isso quer dizer que nunca podemos realmente saber que direção a vida irá tomar, que mudanças os pequenos bater de asas da intenção e da ação poderão causar no nosso destino. Além disso, ao mesmo tempo, também quer dizer que nunca poderemos de verdade conhecer a mente de Deus. Jamais poderemos entender completamente a maneira, o lugar e a hora de alguma coisa, nem mesmo de algo simples como a água que ferve. Temos de nos render à incerteza, ao mesmo tempo que apreciamos sua intricada beleza.

Toda a criatividade se baseia em saltos quânticos e na incerteza. Em momentos particulares do tempo, idéias verdadeiramente originais emanam da base coletiva de informações. Essas idéias não se originaram na pessoa afortunada e sim na consciência coletiva. É por esse motivo que importantes descobertas científicas com freqüência são feitas por duas ou mais pessoas ao mesmo tempo. As idéias já estão circulando no inconsciente coletivo e mentes preparadas estão prontas para traduzir essas informações. Essa é a natureza do gênio, ser capaz de captar o cognoscível mesmo quando ninguém mais reconhece que ele está presente.

Em qualquer momento considerado, a inovação ou a idéia criativa não existe e, no momento seguinte, ela faz parte do mundo consciente. Nesse ínterim, onde estava ela? Ela veio da esfera virtual, do nível do espírito universal, onde tudo é potencial. Às vezes esse potencial cria algo previsível, às vezes original, mas nessa esfera todas as possibilidades já existem.

Desse modo, se nosso corpo é terra reciclada, nossas emoções são energia reciclada e os nossos pensamentos são informação reciclada, o que torna você um indivíduo? E a sua personalidade? Bem, a personalidade tampouco tem origem em nós. Ela é criada através da identificação seletiva com situações e por meio dos relacionamentos. Pense em um amigo íntimo. Como você o define? Quase todos fazemos isso descrevendo as pessoas na vida delas – o cônjuge, os filhos, os pais, os colegas de trabalho. Também as descrevemos no contexto das situações da vida delas, o tipo de trabalho que fazem, onde moram, como se divertem. Aquilo que chamamos de personalidade é construído em uma base de relacionamentos e situações.

Podemos então agora perguntar: se o meu corpo, meus pensamentos, emoções e personalidade não são originais ou criados por mim, quem sou eu na realidade? De acordo com muitas das grandes tradições espirituais, uma das grandes verdades é que "eu sou o outro". Sem o outro, não existiríamos. Sua alma é o reflexo de todas as almas. Imagine-se tentando compreender a complexa rede de interações pessoais que o tornaram quem você é hoje – toda a sua família e os seus amigos, todos os professores e colegas que você já teve, todos os vendedores de todas as lojas que já visitou, todo mundo com quem já trabalhou ou esteve em contato em algum ponto da vida. E depois, a fim de entender todas essas pessoas e o tipo de influência que elas podem ter exercido em você, você precisa descobrir quem são *elas*. Agora então você tem de descrever a rede de relacionamentos que cerca cada uma das pessoas que formam sua rede de relacionamentos. Finalmente, você iria descobrir que precisaria descrever todo o universo para poder definir uma única pessoa. Na verdade, então, cada pessoa é todo o universo. Você é o infinito, visto a partir de um ponto de vista localizado. A sua alma é a parte de você que é simultaneamente universal e individual, e ela é um reflexo de todas as outras almas.

Por conseguinte, definir a alma dessa maneira significa compreender que sua alma é ao mesmo tempo pessoal e universal, que ela encerra um significado e implicações que estão além da sua experiência pessoal de vida. A alma é o observador que interpreta e faz escolhas em uma confluência de relacionamentos. Esses relacionamentos fornecem as circunstâncias, o cenário, os personagens e os eventos que moldam as histórias da nossa vida. Assim como a alma é criada através dos relacionamentos e é um reflexo de todos eles, a experiência da vida é formada a partir do contexto e do significado.

Ao mencionar o *contexto* estou me referindo a todas as coisas à nossa volta que nos permitem entender o significado de ações, palavras e ocorrências individuais, ou qualquer outra coisa. Uma palavra, por exemplo, pode ter diferentes significados dependendo do que a cerca ou do contexto em que ela se encontra. Se eu digo a palavra "manga" sem um contexto, você fica sem saber se estou me referindo à fruta manga ou à manga de uma camisa. Quando dizemos que uma pessoa pegou nossas palavras "fora de contexto", sabemos que o significado dessas palavras foi mal interpretado, porque o contexto determina o que todas as coisas significam. O fluxo de significado é o fluxo da vida. Nosso contexto determina a maneira como iremos interpretar o que nos acontece e essas interpretações tornam-se nossa experiência.

Finalmente, chegamos a uma definição mais completa da alma. *A alma é o observador que interpreta e faz escolhas baseadas no carma; ela também é uma confluência de relacionamentos, dos quais emergem contextos e significado, e é esse fluxo de contexto e significado que cria a experiência.* Por conseguinte, é através da alma que criamos a nossa vida.

Como discutirei mais tarde, a melhor maneira de abordar o conhecimento da natureza dual da alma e entrar em contato com o campo não-local de potencial é através da meditação. A meditação nos permite alcançar o nível da alma e deixar para trás o emaranhado de pensamentos e emoções que em geral mantém nossa atenção presa ao mundo físico. Quando fechamos os olhos para meditar, os pensamentos brotam espontaneamente. Só podemos ter dois tipos de pensamentos: as lembranças e as idéias. No entanto, como já vimos, esses pensamentos não são provenientes do corpo físico.

Tente esta pequena experiência com o pensamento: Pense no seu jantar de ontem à noite. Você consegue se lembrar do que comeu? Qual era o sabor da comida? Que conversas estavam acontecendo ao seu redor? Agora, pense em onde estavam essas informações antes de eu fazer as perguntas. O jantar aconteceu, mas as informações a respeito dele só existiam como informações potenciais. Se um cirurgião entrasse no seu cérebro, não haveria nenhum sinal das informações a respeito da comida que você comeu no jantar. A memória reside no nível da alma até a evocarmos. Quando decidimos recordar conscientemente o jantar, a atividade elétrica e uma liberação de substâncias químicas sinalizam que o cérebro está em funcionamento. Mas, antes de chamarmos a memória, ela não tem uma localização no cérebro. O simples fato de fazer uma pergunta ou tentar recordar um evento converte uma memória virtual em real.

O mesmo é verdade com relação à imaginação. Enquanto o pensamento não surge da esfera virtual, não existe na vida mental ou física. No entanto, a imaginação pode exercer um poderoso efeito na mente e no corpo. Uma experiência com o pensamento, comum porém altamente eficaz, é imaginar que você está cortando um limão e separando-o em gomos, coloca um ou dois gomos entre os dentes e morde-os. Imagine o suco esguichando na sua boca enquanto dá a mordida. Se for como a maioria das pessoas, esse pensamento rápido terá feito você salivar, que é a maneira de seu corpo dizer que acredita no que sua mente está lhe dizendo. Porém, uma vez mais, onde estava o limão antes de eu pedir para você pensar nele? Ele só existia no nível do potencial.

Assim sendo, a intenção, a imaginação, as novas idéias, a intuição, a inspiração, o significado, o propósito, a criatividade, o conhecimento não têm nenhuma relação com o cérebro. Essas qualidades organizam sua atividade *através* do cérebro, mas pertencem à esfera não-local, que está além do espaço e do tempo. Ainda assim, o impacto delas é sentido com muita intensidade. Quando entram na mente, temos de fazer algo com elas, e o que fazemos determina, em parte, quem definimos que somos. Isso acontece porque a nossa mente é racional e temos a tendência de criar histórias ao redor desses pensamentos. Você pode pensar: "O meu marido me ama", ou "Os meus filhos estão felizes", ou "Gosto do meu trabalho". Você cria histórias racionais em volta desses pensamentos e depois forma significados a partir deles. A seguir vive essas histórias no mundo físico, que é o que chamamos de vida do dia-a-dia.

Nossas histórias derivam de relacionamentos, contextos e significados desencadeados através da memória, que surgem do carma e da experiência. À medida que vivemos essas histórias, começamos a perceber que elas não são originais. Embora os detalhes delas variem de pessoa para pessoa, os temas e os assuntos são intermináveis, arquétipos básicos que se repetem infinitamente: heróis e vilões, o pecado e a redenção, o divino e o diabólico, a sensualidade proibida e o amor incondicional. Esses são os mesmos temas que mantêm muitas pessoas fascinadas pelas novelas da televisão, colunas de fofocas e tablóides escandalosos, onde são expressados de uma forma levemente exagerada. Ficamos fascinados porque podemos identificar alguns aspectos da nossa alma nessas histórias. Trata-se dos mesmos arquétipos que são representados de modo exagerado nas mitologias, de maneira que independentemente de examinarmos a mitologia indígena, grega ou egípcia, encontraremos os mesmos temas e assuntos. O drama nessas histórias é mais irresistível e dramático do que a ficção porque repercutem na nossa alma.

Podemos agora aprimorar ainda mais a definição da alma. *A alma é a confluência de significados, contextos, relacionamentos e histórias míticas ou temas arquetípicos que dão origem aos pensamentos, memórias e desejos do dia-a-dia (condicionados pelo carma) que criam as histórias das quais participamos.*

No caso de quase todas as pessoas, essa participação nas histórias da nossa vida acontece automaticamente, sem que o percebamos de forma consciente. Vivemos como atores de uma peça que só recebem uma fala de cada vez, representando nosso papel sem entender a história toda. Mas quando você entra em contato com a sua alma, enxerga o roteiro inteiro do drama. Você compreende. Continua a tomar parte na história, mas agora participa alegre, completa e conscientemente. Você pode fazer escolhas baseadas no conhecimento e nascidas da liberdade. Cada momento adquire uma qualidade mais profunda oriunda do reconhecimento do que ele significa no contexto da sua vida.

Ainda mais emocionante é o fato de que somos capazes de reescrever a peça ou modificar nosso papel aplicando a intenção, aproveitando as oportunidades que surgem da coincidência e sendo leais ao chamado de nossa alma.

4

A INTENÇÃO

Toda criança que já ouviu a história de Aladim sonha em encontrar uma lâmpada mágica que, se esfregada, faria aparecer um gênio que concederia todos os desejos. Na condição de adultos, sabemos que essas lâmpadas e esses gênios não existem, o que deixa todos os nossos desejos contidos dentro de nós. Mas e se os desejos pudessem se tornar realidade? Que desejos você criaria para si mesmo? O que satisfaria suas necessidades no nível mais profundo, mais fundamental? O que possibilitaria que a sua alma realizasse o destino dela?

Tudo o que acontece no universo começa com a intenção. Quando decido mover os dedos do meu pé, comprar um presente de aniversário para a minha mulher, tomar uma xícara de café ou escrever este livro, tudo começa com a intenção. Essa intenção sempre surge na mente não-local ou universal, mas se torna localizada através da mente individual e, quando isso acontece, se transforma na realidade física.

Na verdade, a realidade física não existiria não fosse a nossa intenção. A intenção ativa a correlação não-local, sincronizada no cérebro. Sempre que existe uma cognição ou percepção da realidade física, as regiões desiguais do cérebro exibem um "confinamento da fase e da freqüência" dos padrões de disparo de neurônios unitários em diferentes partes do cérebro. Trata-se de uma sincronização não-local ao redor de uma freqüência de quarenta hertz (quarenta ciclos por segundo). Essa sincronização é uma exigência da cognição. Sem ela, não veríamos uma pessoa como uma pessoa, uma casa como uma casa, uma árvore como uma árvore, ou um rosto em uma fotografia como um rosto. Talvez percebêssemos apenas pontos brancos e pretos, linhas esparsas, manchas de luz e de sombra. Na verdade, os objetos na nossa percepção são registrados no cérebro apenas como sinais eletromagnéticos do tipo liga-desliga. A sincronização organizada pela intenção converte pontos e nódoas, linhas esparsas, descargas elétricas, padrões de luz e de sombra em uma totalidade, uma gestalt que cria uma imagem do mundo como uma experiência subjetiva. O mundo não existe como imagens, mas apenas como manchas de impulsos liga-desliga, pontos e nódoas, códigos digitais de disparos elétricos aparentemente aleatórios. A sincronização através da intenção os organiza em uma experiência no cérebro – um som, uma textura, uma forma, um sabor e um odor. Você, na condição de inteligência não-local, "rotula" essa experiência e, de repente, tem lugar a criação de um objeto material na consciência subjetiva.

O mundo é como uma mancha de Rorschach que convertemos em um mundo de objetos materiais através da sincronização coordenada pela intenção. Tanto o mundo, antes de ser observado, quanto o sistema nervoso, antes do desejo ou da intenção de observar alguma coisa, existem como um campo de atividades dinâmico (em constante transformação), não-linear, em um estado de não-equilíbrio (atividade instável). A intenção organiza sincronicamente essas atividades altamente variáveis, aparentemente caóticas e não-relacionadas de um universo não-local em um sistema altamente ordenado, dinâmico, que se auto-organiza. Esse sistema se manifesta ao mesmo tempo como um mundo observado e um sistema nervoso, através do qual esse mundo está sendo observado. A intenção em si não surge no sistema nervoso, embora seja coordenada através do sistema nervoso. A intenção, no entanto, é responsável por outras coisas além da cognição e da percepção. Todo aprendizado, lembrança, raciocínio, dedução de inferências e atividade motora são precedidos pela intenção. Ela é a base da criação.

Os antigos textos védicos conhecidos como Upanishads declaram: "Você é o seu desejo mais profundo. Como é o seu desejo, assim é a sua intenção. Como é a sua intenção, assim é a sua vontade. Como é a sua vontade, assim é a sua ação. Como é a sua ação, assim é o seu destino." Nosso destino, em última análise, é proveniente do nível mais profundo do desejo e também do nível mais profundo da intenção. Os dois estão intimamente ligados um ao outro.

O que é intenção? A maioria das pessoas diz que é um pensamento de algo que queremos realizar na vida ou que desejamos para nós mesmos, mas na verdade ela é mais do que isso. A intenção é uma maneira de satisfazer uma necessidade que temos, seja de coisas materiais, de um relacionamento, da realização espiritual ou de amor. A intenção é o pensamento que nos ajudará a satisfazer uma necessidade. E a lógica é que, quando satisfizermos essa necessidade, seremos felizes.

Quando as coisas são vistas dessa maneira, a meta de todas as nossas intenções é sermos felizes ou realizados. Primeiro, se nos perguntarem o que queremos, poderemos dizer: "Quero mais dinheiro", ou "Quero um novo relacionamento". Depois, se nos perguntarem por que queremos isso, poderemos dizer algo como: "Bem, para poder passar mais tempo com os meus filhos." Se nos perguntarem por que queremos passar mais tempo com os filhos, poderíamos responder: "Porque então serei feliz." Poderemos perceber, portanto, que a meta suprema, que se sobrepõe a todas as outras, é uma realização no nível espiritual que chamamos de felicidade, alegria ou amor.

Toda atividade no universo é gerada pela intenção. Segundo a tradição védica: "A intenção é uma força da natureza." A intenção mantém o equilíbrio de todos os elementos e forças universais que possibilitam que o universo continue a evoluir.

Até mesmo a criatividade é organizada através da intenção. A criatividade ocorre no nível individual, mas também tem lugar universalmente, possibilitando que o mundo periodicamente dê saltos quânticos na evolução. Em última análise, quando morremos, a alma dá um salto quântico na criatividade. Na verdade ela diz: "Quero agora expressar-me através de um novo sistema corpo-mente ou encarnação." Desse modo, a intenção deriva da alma universal, torna-se localizada em uma alma individual e por fim se expressa através de uma mente individual, local.

A partir da experiência do passado criamos memórias, que são a base da imaginação e do desejo. O desejo, uma vez mais, é a base da ação, e assim o ciclo se perpetua. Na tradição védica e no budismo, esse ciclo é conhecido como a Roda de Samsara, a base da existência terrena. O "eu" não-local torna-se o "eu" local enquanto se introduz através desse processo cármico.

Quando a intenção se repete, o hábito é criado. Quanto mais ela se reproduz, mais provável é que a consciência universal crie o mesmo padrão e manifeste a intenção no mundo físico. Se você recordar a discussão anterior sobre a física, uma onda-partícula em uma caixa não observada é simultaneamente uma onda e uma partícula, e só assume uma forma definida quando é observada. No momento da observação, a probabilidade sucumbe em uma forma definida. A idéia é a mesma, só que no caso da intenção repetida o padrão na mente não-local apresenta uma probabilidade maior de sucumbir na direção da intenção, manifestando-se portanto como uma realidade física. Isso cria a ilusão do que é fácil e do que é difícil, do que é possível e do que é impossível. É por esse motivo que se você realmente quiser escapar do ordinário, precisa aprender a pensar e sonhar o impossível. Somente com pensamentos repetidos o impossível pode se tornar possível por meio da intenção da mente não-local.

A mente não-local que existe em você é igual à mente não-local que existe em mim, ou, para dizer a verdade, em um rinoceronte, em uma girafa, em um pássaro ou em uma minhoca. Até mesmo uma rocha contém inteligência não-local. Essa mente não-local, essa consciência pura, é o que nos confere a sensação do "eu", o "eu" que diz: "Eu sou Deepak", o "eu" que diz "Eu sou um pássaro", o "eu" que diz quem você é ou quem você acredita ser. Essa consciência universal é o único "eu" que existe. No entanto, esse único "eu" universal se diversifica, se transforma em um número quase infinito de observadores e coisas observadas, dos que vêem e o cenário, de formas orgânicas e formas inorgânicas – todos os seres e objetos que formam o mundo físico. Esse hábito da consciência universal de se diversificar e se transformar em consciências particulares é anterior à interpretação. Desse modo, antes de o "eu sou" dizer: "Eu sou Deepak", uma girafa ou uma minhoca, ele é simplesmente "eu sou". O potencial criativo infinito do "eu" dispõe o "eu" comum no "eu" que é você, ou eu, ou qualquer outra coisa no universo.

Esse conceito é idêntico ao dos dois níveis da alma, a alma universal e a alma individual, porém inserido em um contexto pessoal. Na condição de seres humanos, estamos acostumados a pensar no nosso eu individual como "eu", sem notar ou reconhecer o "eu" maior, universal que também é chamado de alma universal. O uso da palavra "eu" é meramente um ponto de referência engenhoso que usamos para localizar o nosso ponto de vista único dentro da alma universal. Mas, quando nos definimos apenas como um "eu" individual, perdemos a habilidade de levar a imaginação além dos limites do que é tradicionalmente considerado possível. No "eu" universal, todas as coisas não apenas são possíveis, como já existem, exigindo apenas que a intenção as faça sucumbir em uma realidade no mundo físico.

As diferenças entre o "eu" individual ou mente local e o "eu" universal podem ser claramente percebidas no seguinte quadro:

A Mente Local

---

1. *ego mente*
2. *mente individual*
3. *consciência individual*
4. *consciência condicional*
5. *linear*
6. *opera dentro do espaço, do tempo e da causalidade*
7. *restringida pelo tempo e limitada*
8. *racional*
9. *condicionada em formas habituais de pensamento e comportamento, moldada pela experiência individual e coletiva*
10. *separa*
11. *diálogo interior: Este sou eu e isto é meu*
12. *o medo domina*

A Mente Não-local

1. *espírito*
2. *alma*
3. *consciência universal*
4. *consciência pura*
5. *sincrônica*
6. *opera fora do espaço, do tempo e da causalidade*
7. *intemporal e infinita*
8. *intuitiva/criativa*
9. *incondicionada, infinitamente correlacionada, infinitamente criativa*
10. *unifica*
11. *diálogo interior: Tudo isso sou eu e é meu*
12. *o amor domina*

13. *requer energia*

14. *precisa de aprovação*

15. *interpreta o "eu" dentro do observador como sendo diferente do "eu" na coisa observada*

16. *pensa em modalidades de causa e efeito*

17. *algorítmica*

18. *contínua*

19. *consciente*

20. *ativa quando os sentidos estão ativos porque a experiência sensorial é local*

21. *expressa-se através do sistema nervoso voluntário (escolha individual)*

13. *opera sem energia*

14. *imune à crítica e à lisonja*

15. *sabe que o "eu" no observador e na coisa observada é o mesmo*

16. *percebe uma interligação acausal ou correlação interdependente*

17. *não-algorítmica*

18. *descontínua*

19. *supraconsciente*

20. *sempre ativa, porém mais disponível para si mesma quando os sentidos estão em latência ou recolhidos, como no sono, nos sonhos, na meditação, na sonolência, no transe ou na oração*

21. *expressa-se através dos sistemas autônomo e endócrino, e, principalmente, por meio da sincronização desses sistemas (e também através da sincronização do particular com o universal, do microcosmo com o macrocosmo)*

A diferença entre a mente local e a não-local é a diferença entre o ordinário e o extraordinário. A mente local é pessoal e individual para cada um de nós. Ela sustenta o ego, o "eu" autodefinido que vaga pelo mundo como escravo dos nossos hábitos condicionados. Em virtude da sua própria natureza, a mente local nos separa do restante da criação. Ela estabelece limites densos e artificiais que muitos de nós nos sentimos compelidos a defender, mesmo quando isso quer dizer nos desligarmos dos significados mais profundos e das conexões mais jubilosas que têm lugar quando nos sentimos parte do universal. A mente local é laboriosa, exaustiva e racional, desprovida de qualquer sentimento de fantasia ou criatividade. Ela exige atenção e aprovação constantes, tendo portanto propensão para sentir medo, desapontamento e dor.

A mente não-local, por outro lado, é pura alma ou espírito, conhecida como consciência universal. Ela opera fora dos limites normais do espaço e do tempo, sendo a grande força organizadora e unificadora do universo, cuja amplitude e duração são infinitas. Devido à sua natureza, a mente não-local conecta todas as coisas porque *é* todas as coisas. Ela não requer nenhuma atenção, energia ou aprovação; é completa em si mesma, atraindo portanto o amor e a aceitação. É iminentemente criativa, o manancial de onde emana toda a criação. Ela nos permite usar a imaginação além dos limites do que a mente local enxerga como "possível", ter pensamentos inovadores e acreditar em milagres.

Os saltos criativos dados pela mente não-local têm tido o apoio da ciência. Os intervalos nos registros fósseis durante a evolução sugerem saltos criativos de imaginação na própria natureza, uma hipótese conhecida como equilíbrio pontuado. Existem, por exemplo, fósseis antigos de anfíbios e de pássaros, mas não existe nenhum registro fóssil de uma criatura que tenha servido de conexão entre os anfíbios e os pássaros. Esse fato sugere um salto quântico de imaginação, no qual os anfíbios queriam aprender a voar e os pássaros se manifestaram como resultado dessa intenção. Os cientistas acreditam que os seres humanos evoluíram a partir dos primatas, mas não existe nenhum registro fóssil da fase intermediária, o "elo perdido". No início havia apenas primatas e, de repente, surgiram os seres humanos. E nesse intervalo? Nada.

Esses saltos de imaginação estão constantemente evoluindo e se transformando no que vemos como o universo. Durante nosso período de vida, presenciamos o desenvolvimento da televisão, da Internet, do e-mail, da tecnologia nuclear e da exploração espacial. A imaginação segue na frente qualquer que seja o nosso caminho e, embora ela seja uma propriedade da consciência universal, se torna condicionada através de todas essas expressões localizadas. Os seres humanos têm a capacidade de ir além disso. Eles têm a capacidade, por meio da mente local, do "eu" local, de fazer escolhas por meio da intenção. E a mente não-local, o "eu" não-local, cuida sincronicamente dos detalhes para realizar a intenção. É assim que os sonhos se tornam realidade.

Vou explicar o que estou dizendo com um exemplo. O "eu" local, que é Deepak, quer se sentir bem fazendo exercícios e perdendo peso. Assim sendo, Deepak, o "eu" local, sai para correr todos os dias, quer na esteira, quer na praia. O "eu" não-local em Deepak torna isso possível fazendo com que o corpo de Deepak execute simultaneamente muitas funções. O coração tem que bater mais rápido e bombear mais sangue, os tecidos precisam consumir mais oxigênio, os pulmões têm que respirar mais rápido e mais profundamente, e o açúcar, que é o combustível do meu sistema, precisa se queimar com rapidez e se transformar em dióxido de carbono e água, para que a energia venha a ser gerada. Se o suprimento de combustível ficar baixo, é preciso segregar insulina para que o glicogênio armazenado no fígado possa ser usado como combustível. As células imunológicas têm que ser estimuladas para que o corpo mente torne-se resistente à infecção enquanto corro através do ambiente. Essa é apenas uma lista muito abreviada de coisas que precisam acontecer simultânea e sincronicamente para que a minha intenção de correr possa se realizar. Na verdade, trilhões e trilhões de atividades têm que acontecer de uma forma não-local, ao mesmo tempo, para que Deepak possa aproveitar a corrida.

Como podemos ver, a operação do corpo está sendo organizada pela mente não-local e enquanto todas essas atividades estão sendo sincronizadas, Deepak está desfrutando o exercício. Ele não está preocupado pensando se o seu coração irá ou não bombear a quantidade certa de sangue ou se o seu fígado irá ou não se esquecer de metabolizar o glicogênio transformando-o em açúcar. Essa é a tarefa da inteligência não-local. O "eu" local formula a intenção e o "eu" não-local organiza sincronicamente todos os detalhes.

No entanto, o "eu" local nem sempre coopera e às vezes toma decisões erradas. Imagine um homem chamado Jim Smith. Ele está em uma festa e o Jim Smith local diz o seguinte: "Estou me divertindo bastante nesta festa." Ele toma um pouco de champanhe, se descontrai e faz novos amigos. O Jim Smith não-local também está se divertindo na festa, relacionando-se e aproveitando a ocasião. Mas o "eu" local pode resolver dizer o seguinte: "Estou mesmo me divertindo. Talvez eu deva tomar mais alguns drinques e ficar bêbado." Ficar embriagado é uma maneira de se desconectar, de modo que o "eu" não-local faz com que o "eu" local saiba que essa decisão tem um preço. O "eu" não-local dá ao "eu" local uma dor de cabeça e uma ressaca na manhã seguinte. Essa é a maneira dele de se comunicar com o "eu" local, na verdade dizendo o seguinte: "Se você abusar, vai passar mal."

Se o "eu" local não der atenção aos esforços do "eu" não-local de dissuadi-lo dessa decisão, ele enfrentará uma repercussão pior. Se, por exemplo, o "eu" local não tomar conhecimento da mensagem e se embebedar todos os dias, o Jim Smith local poderá perder o emprego, os rendimentos, perturbar o seu relacionamento com a família, talvez contrair uma cirrose no fígado e depois morrer. Por quê? Porque a decisão de beber não era favorável aos interesses conjuntos do Jim Smith local e do Jim Smith não-local. Não era uma intenção pura porque o "eu" local a perverteu. Ela mudou de forma quando se deslocou da mente não-local para a mente local. Uma intenção só pode ser satisfeita sincronicamente se atender às necessidades tanto do "eu" local quanto do não-local. A intenção não-local é sempre evolucionária e, por conseguinte, avança sempre na direção das interações harmoniosas que favorecem o bem maior.

A intenção é sempre proveniente da esfera universal. Em última análise, é a intenção universal que satisfaz a intenção local, desde que ela atenda às necessidades da mente local (eu) e a mente não-local (o espírito universal). Somente então as duas mentes, a local e a não-local, cooperarão uma com a outra. Há em jogo, no entanto, um fator desconcertante. Existem bilhões de seres humanos e trilhões de outras entidades no planeta, todos com intenções locais. Digamos que vou dar uma festa e planejo preparar muitos salgados e bolos. Com esse objetivo, comprei açúcar, farinha e todos os outros ingredientes necessários. Tudo isso está armazenado na despensa e atrai formigas e ratos, cuja intenção também é consumir o açúcar e a farinha. Quando descubro a atividade dos ratos, compro ratoeiras e inseticida. Alguns ratos morrem. As bactérias se aproximam e começam a devorar os cadáveres.

Se dermos um passo atrás e examinarmos mais amplamente esse cenário, percebemos uma conspiração de eventos relacionados. Todos surgiram juntos e co-criaram uns aos outros. Para que esse drama ocorra, o trigo e a cana-de-açúcar precisam ser cultivados. Esse processo envolve fazendas, agricultores, a chuva, o sol, tratores, consumidores, varejistas, atacadistas, motoristas de caminhão, estradas de ferro, mercados financeiros e de capitais, mercearias e seus funcionários, investidores, inseticidas, fábricas de produtos químicos, o conhecimento da química e assim por diante. O número de mentes locais envolvidas é enorme.

Uma pergunta razoável a ser feita é portanto a seguinte: Quem está influenciando o quê? De quem é a intenção que está criando os eventos? A minha intenção era preparar os salgados e os bolos. A minha intenção está influenciando o comportamento do planeta inteiro, ou seja, dos agricultores, dos analistas da bolsa de valores e do preço do trigo, sem falar no comportamento das formigas e dos ratos na minha despensa, bem como das atividades de outros elementos e forças no universo? A minha intenção de servir salgados e bolos é a única com a qual o universo tem de cooperar? Um rato, supondo que fosse capaz de analisar a sua intenção, poderia acreditar que sua intenção era responsável por criar essa série de eventos, desde a atividade dos comerciantes de cereais e as condições meteorológicas à minha decisão de fazer bolos. Na verdade, as bactérias poderiam acreditar, com a mesma facilidade, que a sua intenção coordenou a atividade de todo o universo, inclusive a minha decisão de comprar o veneno que criou a proteína que elas puderam consumir. As coisas podem ficar muito confusas quando começamos a indagar qual a intenção que comandou qualquer evento considerado.

De quem é a intenção que está criando toda essa atividade? Na realidade mais profunda, o "eu" que coordena todos esses eventos é o "eu" não-local, universal. Essa força organizadora está coordenando e sincronizando simultaneamente um número infinito de eventos. A mente não-local sempre se volta para si mesma, renovando-se e refazendo sua criatividade, de modo que o antigo nunca fica estagnado e renasce a cada momento. Embora a intenção provenha do "eu" não-local único, a partir da minha perspectiva, bem como da do gato, do rato, das formigas, das bactérias e das pessoas que estão vindo para a festa, ela parece ser proveniente de um "eu" pessoal.

Em todos os lugares, cada organismo poderia estar pensando: "A intenção é minha!" Cada um acredita que é o seu "eu" local pessoal que está fazendo uma coisa, mas no plano maior, todas essas diferentes mentes locais estão na verdade surgindo juntas e co-criando umas às outras, através da intenção da mente não-local. As árvores precisam respirar para que eu possa respirar. Os rios precisam fluir para que o meu sangue possa circular. No final, existe apenas um único "eu" exuberante, abundante, eterno, rítmico e inseparável. Toda separação é uma ilusão. O "eu" local só se vê como o "eu" não-local quando os dois se conectam. É aí que começamos a sentir que existe apenas o "eu" universal e, quando nos conectamos, a experimentar a confiança, o amor, o perdão, a gratidão, a compaixão, a entrega e a inação. É assim que funciona a prece. O grande poeta Alfred, Lorde Tennyson, disse certa vez:

"Mais coisas são criadas pela prece do que este mundo imagina." Mas não se trata da oração através da intenção forçada e sim da delicadeza, do senso de oportunidade, da entrega, da gratidão, da confiança, do amor e da compaixão que possibilitam que eu, o "eu" local, experimente e me torne o "eu" não-local.

Estamos de tal modo apegados ao nosso "eu" local, individual e pessoal que não percebemos a magnificência que jaz além dele. A ignorância é a percepção restrita. Para poder notar uma coisa, temos que deixar de ver todo o resto. É assim que o não-local torna-se local. Quando percebo uma coisa, deixo de notar tudo que está em volta dela, o que não obstante contribui para a existência dela e é, portanto, parte dela. Quando o "eu" que é o meu ego observa, só observa o particular e não toma conhecimento do universal. Mas quando "eu" o espírito olha, vê o fluxo do universo que torna possível o particular.

É essa interconexão, essa inseparabilidade, que torna a vida não apenas possível, como também milagrosa. O mar de inter-relacionamento do mundo sucumbe em ondas individuais que se dispersam em gotas espumantes, cintilantes como diamantes, refletindo umas nas outras por um momento para depois voltar a submergir nas profundezas do oceano. Existe apenas um único e eterno momento – um amor, espírito ou consciência imutável – que constantemente se torna o observador e o cenário. Somos essas gotas cristalinas, cada um de nós belo e único por um momento, cada um parte do outro, cada um refletindo o outro. Derivamos todos do amor, da consciência ou do espírito eterno, uma imagem do "eu" universal. Embora a interpretação, a memória e o hábito criem a ilusão de familiaridade ou semelhança, da nossa continuação de minuto a minuto, existem na realidade infinitas possibilidades que só necessitam da intenção para tornaremse reais.

A intenção coordena infinitas possibilidades. Você poderá se perguntar qual o tipo de intenção é a ideal. O que você perguntaria se a sua intenção pudesse ser consumada neste exato momento? Se a sua intenção é um mero desejo pessoal e só concorre para a gratificação pessoal, o "eu" local e o não-local talvez não estejam em sincronia. Quantas vezes você já não ouviu pessoas dizendo que gostariam de ganhar na loteria? Isso poderia acontecer, mas somente se a concretização dessa intenção favorecer tanto a você quanto ao desígnio maior. Você poderia dizer aos seus botões: "Quero ganhar na loteria para poder comprar um BMW novinho em folha." Até mesmo essa intenção beneficia muitas pessoas: você, o fabricante do carro, os funcionários da empresa, os investidores e a economia como um todo. No entanto, não se trata de uma intenção tão poderosa quanto a de alguém como Madre Teresa, porque o anseio dela de conseguir dinheiro resultava do desejo de levar a realização a outras pessoas, de dar e receber em um nível mais profundo – de servir à grande cadeia da existência. Quando a intenção da mente não-local é favorecida pela mente local, ela é mais holística e, por conseguinte, mais eficaz.

Poderíamos muito bem fazer a seguinte pergunta para cada intenção: "De que maneira isso me será benéfico e favorecerá todos aqueles com quem entro em contato?" Se a resposta for que a minha intenção criará uma verdadeira alegria e realização em mim e em todos os que forem afetados pelas minhas ações, essa intenção, ao lado da entrega à mente não-local, coordena sua própria consecução. Existem técnicas para descobrir a intenção pura e adequada que é nosso destino na vida e que iremos discutir mais adiante em detalhe. No entanto, a técnica fundamental é começar a partir de um estado de consciência tranqüilo e consolidado, criar uma intenção apropriada no coração e a seguir deixar que o "eu" local volte a se fundir com o "eu" não-local, possibilitando que a vontade de Deus se realize através de nós. Ensinei essa técnica a milhares de pessoas que me dizem que ela funciona para elas, assim como traz bons resultados para mim.

Parte da dificuldade reside em formar uma intenção que não interfira com a intenção do universal. Em certos países em desenvolvimento onde existe escassez de comida, os cientistas tentaram recentemente introduzir o "arroz dourado", uma variação geneticamente modificada que contém vários inseticidas naturais para que o arroz cresça em abundância. No entanto, houve problemas. O arroz geneticamente modificado não possui os odores naturais que atraem vários tipos de insetos importantes para sustentar e propagar a cadeia alimentar. Os ecologistas temem que esse arroz possa perturbar o ecossistema local, causando posteriormente distúrbios nas condições atmosféricas, o que poderia ter conseqüências calamitosas para todo o planeta. A consciência restrita ou local examina apenas uma situação particular e tenta resolvê-la localmente. A consciência expandida, o "eu" não-local, analisa os relacionamentos, os pássaros, as abelhas, os esquilos, o porco-da-terra e as condições atmosféricas (é preciso que haja uma determinada flora, fauna e população de árvores para possibilitar o surgimento de condições atmosféricas com características específicas). Uma boa intenção pode causar um resultado indesejado se a intenção do "eu" não-local não for levada em conta. Os vínculos intricados da interconexão requerem não apenas o altruísmo como também a coordenação com todos os outros "eus" individuais que derivam do "eu" universal.

A intenção não pode ser pressionada, forçada ou intimidada. Pense nela como em apanhar bolhas de sabão no ar. É uma tarefa delicada que não pode ser apressada ou pressionada. O mesmo é verdade com relação à meditação ou ao sono. Não podemos *tentar* meditar ou dormir. Essas atividades exigem que nos entreguemos, de modo que quanto mais nos esforçamos, menor o nosso sucesso. A meditação acontece, o sono acontece. O mesmo ocorre com a intenção. Quanto menos interferimos com ela, mais conseguimos perceber que ela possui seu próprio "poder infinito de organização". A intenção contém os mecanismos da sua própria realização, como uma semente que encerra em si tudo que precisa para se transformar em árvore, flor e fruto. Não é preciso que eu faça nada com a semente. Tenho apenas que colocá-la no sol e regá-la. A própria semente, sem nenhum estímulo da minha parte, criará tudo daí em diante.

A intenção é uma semente na consciência, ou espírito. Se você prestar atenção a ela, verá que ela tem dentro de si os recursos para a própria realização. O poder infinito de organização da intenção coordena simultaneamente um sem-número de detalhes.

A intenção cria as coincidências, o que é a razão pela qual uma coisa acontece quando pensamos nela. A intenção é o motivo pelo qual algumas pessoas têm uma remissão espontânea ou curam a si mesmas. Ela coordena toda a criatividade no universo e nós, na condição de seres humanos, somos capazes de criar mudanças positivas na nossa vida por meio dela. Por que então perder essa capacidade? Ela é perdida quando a auto-imagem ofusca o eu, quando sacrificamos nosso verdadeiro eu em benefício do ego.

Começamos a perceber que "eu" sou diferente de "você" por volta dos dois ou três anos de idade. Nesse estágio, o bebê começa a estabelecer a diferença entre o "eu" e o "meu", e o "não eu" e o "não meu". Essa separação dá origem à ansiedade. Na verdade, o mundo não é separado de nós e sim parte do *continuum* da consciência. A intenção atua utilizando as forças criativas inerentes ao universo. Assim como temos a nossa criatividade pessoal, o universo também exibe criatividade. O universo está vivo e consciente, e responde à nossa intenção quando temos um relacionamento íntimo com ele, encarando-o como a continuação do nosso corpo e não como separado de nós.

Podemos restabelecer o poder da intenção retornando ao verdadeiro eu, ou auto-realização. As pessoas que alcançam a auto-realização restabelecem a conexão com a mente não-local. Elas não têm nenhum desejo de manipular e controlar os outros. A crítica e a lisonja não as afetam. Elas não se sentem nem inferiores nem superiores a ninguém. Estão em contato com o ponto de referência interno que é a alma e não o ego delas. A ansiedade já não é um problema, porque ela provém da necessidade do ego de se proteger, e é ela que interfere com a espontaneidade da intenção. A intenção é a mecânica através da qual o espírito se transforma em realidade material.

A espiritualidade amadurecida requer a sobriedade de percepção. Se você é comedido, é receptivo ao feedback, mas ao mesmo tempo é imune à crítica e à lisonja. Você aprende a se entregar e não se preocupar com o resultado. Tem confiança na conclusão e começa a perceber o sincronismo que está sempre organizado à sua volta. A intenção apresenta oportunidades às quais você precisa estar atento. A sorte é a reunião da oportunidade com a prontidão. A intenção o colocará diante de oportunidades, mas você precisa agir quando elas lhe forem apresentadas.

Sempre que praticar uma ação, tenha a atitude de que não é você que está agindo. Tenha a postura de que as suas ações são na verdade as ações de uma inteligência não-local, o espírito universal organizador. Você começará a notar uma grande redução da ansiedade. E também ficará menos apegado ao resultado.

O estresse é uma forma de ansiedade. Se você estiver estressado, não pode nem mesmo começar a pensar em sincronismo, que é uma forma de entrar em contato com Deus. É um caminho em direção ao significado e ao propósito na sua vida. É uma maneira de ter a experiência do amor e da compaixão. É um modo de entrar em contato com a inteligência não-local do universo. Se a atenção estiver voltada para situações que geram o estresse, é difícil ter acesso ao sincronismo. Para fazer isso com eficácia, você precisa ter uma atitude de entrega diante da esfera universal, que é bem maior do que qualquer coisa que você poderia imaginar. A entrega requer um salto de fé, um pulo em direção ao desconhecido. O seu diálogo interior pode apoiar essa atitude dizendo o seguinte: "As coisas não estão saindo como eu gostaria. Vou desistir da idéia de querer determinar a forma como elas deveriam acontecer. Meu sentimento do 'eu e do meu' precisa se expandir." Se você der esse salto de fé, será generosamente recompensado. Se der consigo preocupando-se com o pagamento das contas do próximo mês, seria adequado lembrar a si mesmo que a sua intenção não é apenas satisfazer suas necessidades, mas também mandar seus filhos para o colégio e contribuir para a comunidade. Todas as pessoas querem satisfazer essas necessidades na vida. No entanto, o fato de você ter articulado e expressado a intenção de satisfazê-las as conduz à mente infinita e de fato diz o seguinte:

"Coloco todas essas coisas à sua disposição. Não vou me preocupar com elas porque você, a inteligência não-local que reside dentro de mim, cuidará de tudo."

Os grandes artistas, músicos de jazz, escritores e cientistas mencionam a necessidade de transcender a identidade individual para poder criar. Trabalhei com muitos músicos e compositores, e não conheço nenhum que pense nos *royalties* que irá receber quando compõe uma música. Quando criamos uma nova canção ou composição musical precisamos inicialmente nos entregar, deixar que ela fique em incubação na esfera não-local e finalmente permitir que a música ou canção venha até nós. Todos os processos criativos dependem de uma fase de incubação e consolidação. A sincronização é um processo criativo. Nesse caso, contudo, a mente criativa é o próprio cosmo. Quando deixamos de nos preocupar com nós mesmos, a inteligência não-local entra em cena.

Lembre-se de que os seus pensamentos não devem estar em conflito com os desígnios do universo. Desejar ganhar na loteria pode ampliar o seu sentimento de estar separado do universo. Com freqüência os ganhadores da loteria declaram que além de ocorrer um afastamento dos amigos e da família, eles deixam de se sentir felizes. Você se aliena quando o dinheiro passa a ser sua única meta.

Como saber qual das intenções tem a probabilidade de se consumar? A resposta reside em prestar atenção às dicas fornecidas pela mente não-local. Observe as coincidências da sua vida, porque elas são mensagens. Elas são dicas de Deus, do espírito ou da realidade não-local, insistindo em que você se liberte do condicionamento cármico, dos padrões familiares de pensamento. Elas estão lhe oferecendo a oportunidade de entrar em uma esfera de percepção consciente na qual você sente que a inteligência infinita, que é o seu manancial, o ama e se importa com você. As tradições espirituais chamam essa situação de estado de graça.

5

O PAPEL DA COINCIDÊNCIA

Falar a respeito das coincidências como mensagens em código da inteligência não-local faz a vida parecer um romance de mistério. Preste atenção, fique atento a pistas, decifre o significado delas e a verdade acabará sendo revelada. De muitas maneiras, isso é exatamente o que acontece. Afinal de contas, a vida é o mistério supremo.

O que torna a vida misteriosa é o fato de o nosso destino parecer oculto de nós, e somente no fim da vida estaremos em posição de olhar para trás e observar o caminho que seguimos. Quando considerada em retrospecto, a narrativa da nossa vida parece perfeitamente lógica. Podemos facilmente seguir a linha de continuidade sobre a qual reunimos nossas experiências. Mesmo agora, não importa o ponto em que você esteja na vida, olhe para trás e observe a naturalidade com que a sua vida fluiu de um marco importante para outro, de um lugar ou emprego para outro, de um conjunto de circunstâncias para outro completamente diferente. Repare como tudo poderia ter corrido com desembaraço e tranqüilidade se você soubesse a direção que o seu caminho estava seguindo. Quase todo mundo olha para trás e pergunta: "Com o que eu me preocupava tanto? Por que fui tão duro comigo mesmo ou com meus filhos?"

Se fôssemos capazes de viver no nível da alma o tempo todo, não seria necessária a percepção tardia para que pudéssemos apreciar as grandes verdades da vida. Nós as saberíamos de antemão. Participaríamos da criação das aventuras da nossa vida. O caminho seria claramente marcado e não precisaríamos de indicações, pistas ou coincidências.

No entanto, a maioria de nós não vive no nível da alma, de modo que precisamos depender das coincidências para que nos mostrem a vontade do universo. Todos já experimentamos coincidências na vida. A própria palavra *coincidência* descreve perfeitamente o seu significado: *co* significa "com", e *incidência* quer dizer "ocorrência". Assim sendo, a palavra *coincidência* se refere a ocorrências ou incidentes que têm lugar *com* outros incidentes – dois ou mais eventos que ocorrem ao mesmo tempo. Como a experiência das coincidências é universal, a maioria das pessoas as têm como certas, os pequenos momentos extraordinários da vida com os quais nos maravilhamos e a seguir rapidamente esquecemos.

As coincidências são muito mais do que mera diversão. A coincidência é uma pista da intenção do espírito universal e como tal é plena de significado. Algumas pessoas usam a frase "coincidência significativa" para descrever os eventos que acontecem ao mesmo tempo e que têm um sentido especial para a pessoa que os experimentou. Creio, no entanto, que "coincidência significativa" é uma expressão redundante porque *toda* coincidência é significativa, caso contrário ela não teria acontecido. O simples fato de ela ocorrer é significativo. O que acontece é que às vezes somos capazes de vislumbrar o significado dela e outras não.

O que *é* o significado em uma coincidência? A sua parte mais profunda já sabe a resposta a essa pergunta, mas essa percepção precisa ser trazida à superfície. O significado não deriva da coincidência em si e sim de você, da pessoa que está tendo a experiência. Na verdade, sem a nossa participação, todo incidente é basicamente desprovido de significado, o universo inteiro é inexpressivo. Somos nós que conferimos significado aos eventos e fazemos isso através da intenção. As coincidências são mensagens provenientes da esfera não-local e que nos orientam quanto à maneira como devemos agir para que nossos sonhos e intenções se tornem realidade. Desse modo, primeiro você tem uma intenção e a seguir precisa entrar em contato com o seu eu espiritual. Somente então você terá uma forma de usar a coincidência para satisfazer suas intenções.

É fácil ter uma intenção; tão fácil quanto formular um desejo. Tornar-se mais espiritual é difícil. Muitas pessoas que se consideram espirituais ainda não estão em contato com o vasto oceano da força espiritual. Em vez disso, nadam na superfície desse oceano, sem jamais mergulhar para descobrir as profundezas dessa experiência universal.

OS MILAGRES NO MUNDO REAL

Os milagres são fenômenos reais. Todas as tradições tratam da existência dos milagres, mas cada uma delas usa uma linguagem diferente. Rotulamos os eventos de milagres quando um resultado desejado se manifesta de um modo dramático. Queremos ficar curados de uma terrível doença, obter riqueza material ou encontrar um propósito. Quando esses eventos ocorrem, nós os consideramos milagrosos. Alguém tem uma intenção, um desejo ou um pensamento, e a seguir a coisa acontece. O milagre, portanto, é um exemplo muito dramático do que ocorre quando uma pessoa é capaz de entrar em contato com a esfera espiritual e empregar a intenção para manifestar seu destino.

Vou dar um exemplo de uma extraordinária coincidência. David estava apaixonado por uma mulher chamada Joanna. Ele a amava profundamente, mas hesitava um pouco em assumir um compromisso e se casar. Finalmente, decidiu levar Joanna a um parque e pedi-la em casamento. Ele ainda estava em dúvida com relação a se comprometer, mas quando acordou naquela manhã sentiu-se tomado por uma sensação de paz, pelo sentimento de que tudo iria dar certo. David preparou a toalha do piquenique e justo quando estava criando coragem para fazer o pedido um avião passou no céu arrastando uma faixa. Joanna olhou para cima e disse: "Gostaria de saber o que está escrito naquela faixa." Sem pensar, David deixou escapar: "A faixa diz: 'JOANNA, CASE-SE COMIGO.'" Eles olharam com mais atenção e de fato as palavras JOANNA, CASE-SE COMIGO estavam escritas na faixa. Ela caiu nos braços dele, eles se beijaram e naquele momento David teve certeza de que se casar com ela era a coisa certa a fazer. No dia seguinte, eles leram no jornal da cidade que um homem tinha contratado um avião de propaganda que deveria sobrevoar o parque com uma faixa na qual ele pedia a namorada, Joanna, em casamento; por acaso, no momento certo para David, o avião estava bem em cima deles. Essa extraordinária coincidência foi uma pista para o futuro de David, um milagre. Os dois continuam casados e felizes até hoje.

As pessoas que não se interessam pela espiritualidade atribuem esse tipo de evento à sorte. Pessoalmente, acredito que a "sorte", pelo menos da maneira como geralmente a definimos, nada tem a ver com a ocorrência. O que a maioria das pessoas chama de sorte nada mais é do que a aplicação do sincronismo à realização da nossa intenção. Louis Pasteur, o cientista que descobriu que os micróbios podem causar doença, disse o seguinte: "O acaso favorece a mente preparada." A frase dele pode ser convertida em uma simples equação: Oportunidade + Prontidão = Sorte. É totalmente possível, através das lições de sincrodestino, criar um estado mental no qual você começará a ver que existem momentos oportunos na vida e que quando você os nota e os agarra, eles mudam tudo. "Sorte" é a palavra que usamos no mundo moderno para descrever o milagroso.

Assim sendo, o sincronismo, a coincidência significativa, os milagres e a sorte são diferentes termos que descrevem o mesmo fenômeno. Como já vimos, a inteligência trabalha através da coincidência e do sincronismo. A inteligência prolongada da natureza e do ecossistema, a grande teia da vida, também trabalha através da coincidência e do sincronismo, como o faz a inteligência fundamental do universo.

Quando você começa a encarar as coincidências como oportunidades na vida, cada coincidência torna-se significativa; passa a ser uma oportunidade para a criatividade; e transforma-se em uma oportunidade para que você venha a ser a pessoa que o universo tencionava que você fosse.

Essa é a verdade suprema do sincrodestino, ou seja, a soma total do universo está conspirando para criar seu destino pessoal. Para fazer isso, ele usa as "conexões não-locais acausais". O que são conexões acausais? Se examinarmos profundamente todos os diferentes incidentes na nossa vida, perceberemos que eles têm uma história urdida junto com um destino pessoal. *Acausal* significa que os incidentes estão ligados uns aos outros, mas sem um relacionamento direto de causa e efeito, pelo menos superficialmente. A palavra *acausal* deriva de uma expressão latina que significa "sem causa". Voltando ao exemplo que mencionei no primeiro capítulo, o que o fato de Lady Mountbatten gostar do meu pai tem a ver com o fato de eu ter lido obras de Sinclair Lewis ou ter sido inspirado por Oppo, meu melhor amigo? Não existe nenhuma conexão, além do fato de que todos fazem parte da minha história, que tenha me conduzido ao meu destino particular. Nenhum desses eventos *causou* os outros. Lady Mountbatten não ordenou ao meu pai que me desse um livro de Sinclair Lewis e no entanto esses dois incidentes atuaram em conjunto para moldar meu destino. Todos estavam conectados em um nível mais profundo.

Não podemos nem mesmo imaginar as complexas forças que estão por trás de cada evento que tem lugar na nossa vida. Existe uma conspiração de coincidências que tece a teia do carma ou destino, e cria a vida individual de cada pessoa – a minha ou a sua. A única razão pela qual não experimentamos o sincronismo na vida do dia-a-dia é que não vivemos a partir do nível no qual ele está acontecendo. No geral, vemos apenas relacionamentos de causa e efeito, trajetórias lineares. No entanto, debaixo da superfície, algo mais está ocorrendo. Invisível para nós, existe toda uma rede de conexões. Quando ela se torna aparente, percebemos como as nossas intenções estão urdidas nessa rede, que é muito mais voltada para o contexto, muito mais relacional, holística e muito mais confortante do que nossa experiência superficial.

Com muita freqüência caímos em rotinas na vida; mantemos a mesma prática habitual e agimos da mesma maneira previsível dia após dia. Nós nos fixamos em um determinado curso de ação e simplesmente seguimos em frente. Como podem acontecer milagres se marcharmos através da vida desatentos, inconscientes e sem pensar? As coincidências são como os sinais luminosos na estrada, chamando a atenção para algo importante, vislumbres do que está acontecendo além das distrações cotidianas. Podemos escolher não tomar conhecimento desses sinais e seguir céleres adiante ou podemos prestar atenção a eles e viver o milagre que nos aguarda.

Quando estava terminando meu treinamento médico, eu sabia que o meu interesse se situava na neuroendocrinologia, o estudo do funcionamento das substâncias químicas do cérebro. Já naquela época, eu conseguia perceber que essa era uma área na qual a ciência e a consciência se encontravam, e eu queria explorá-la. Candidatei-me a uma bolsa para treinar com um dos endocrinologistas mais famosos do mundo. Esse cientista altamente respeitado estava realizando um trabalho digno de um Prêmio Nobel, e eu estava ansioso para obter a oportunidade de aprender com ele. Entre milhares de candidatos, fui um dos seis selecionados para trabalhar na equipe dele naquele ano. Pouco depois do início do treinamento, percebi que o laboratório dele estava mais voltado para a gratificação do ego do que para a verdadeira ciência. Nós, os técnicos, éramos tratados como máquinas na expectativa de que produzíssemos trabalhos de pesquisa em massa que pudessem ser publicados. Tudo era tedioso e insatisfatório. Além disso, eu estava enormemente desiludido por trabalhar com uma pessoa tão famosa, tão respeitada, e mesmo assim me sentir extremamente infeliz. Eu aceitara a posição com um enorme idealismo e a única coisa que fazia o dia inteiro era injetar substâncias químicas em ratos.

Todas as manhãs eu examinava a seção de oferta de empregos do jornal *Boston Globe*, consciente do meu desapontamento, mas achando que o caminho no qual me encontrava era o único que eu poderia seguir. Lembro-me de ter lido um pequeno anúncio de um hospital da cidade que oferecia uma posição na sala de emergência. Na verdade, todos os dias, ao abrir o jornal, deparava com aquele pequeno anúncio. Mesmo quando estava apenas folheando-o rapidamente, ele sempre se abria na página que tinha o anúncio. Eu olhava para ele e depois o tirava da cabeça. Bem no fundo, conseguia me imaginar trabalhando na sala de emergência, ajudando efetivamente as pessoas, em vez de injetar substâncias químicas em ratos, mas meu sonho tinha sido conseguir essa bolsa com o famoso endocrinologista.

Certo dia, esse endocrinologista dirigiu-se a mim de um jeito cruel e humilhante. Discutimos e fui para a sala de espera para me acalmar. O *Boston Globe* estava sobre a mesa, aberto na página que tinha o pequeno anúncio, o mesmo que durante semanas eu vinha pondo de lado. A coincidência foi poderosa demais para que eu não a levasse em consideração. Tudo finalmente se encaixou com perfeição. Eu sabia que estava no lugar errado fazendo a coisa errada. Estava farto da rotina, do ego do endocrinologista, dos ratos, do sentimento de não estar seguindo o que meu coração estava me dizendo. Fui até a sala dele e me demiti. Ele me seguiu até o estacionamento, aos berros, dizendo que a minha carreira estava arruinada, que ele tomaria medidas para que nunca mais eu fosse contratado por ninguém.

Com a voz dele ainda retinindo no ouvido, peguei o carro e segui direto para o hospital que estava oferecendo a vaga na sala de emergência, candidatei-me ao cargo e comecei a trabalhar naquele mesmo dia. Pela primeira vez consegui tratar e ajudar pessoas que estavam de fato sofrendo. Pela primeira vez, em um longo tempo, me senti feliz. O anúncio no *Boston Globe* estivera acenando para mim durante semanas, mas eu não dera atenção a ele. Finalmente, percebi a coincidência e fui capaz de mudar meu destino. Embora o trabalho no laboratório desse a impressão de ser exatamente a coisa que eu vinha procurando a vida inteira, o fato de eu prestar atenção a essa coincidência me permitiu romper meus padrões habituais. Era uma mensagem apenas para mim, o sinal luminoso da minha vida pessoal. Tudo que eu tinha feito até aquele ponto era uma simples preparação para essa mudança.

Algumas pessoas achavam que a bolsa em endocrinologia era um erro. No entanto, se eu não tivesse conseguido a bolsa, talvez não tivesse ido para Boston; se não estivesse trabalhando no laboratório de endocrinologia, não teria visto o anúncio e talvez nunca tivesse percebido a verdadeira vocação do meu coração. Detalhes infinitos tiveram de se encaixar perfeitamente para que essa parte da minha vida corresse do jeito que aconteceu.

De acordo com um poema de Rumi, um dos meus poetas e filósofos prediletos: "Esta não é a verdadeira realidade. A verdadeira realidade está atrás da cortina. Na verdade, não estamos aqui. Esta é a nossa sombra." O que experimentamos como a realidade do dia-a-dia nada mais é do que um teatro de sombras projetadas sobre uma tela. Atrás da cortina há uma alma viva, dinâmica e imortal que está além do alcance do espaço e do tempo. Ao agir a partir desse nível, podemos influenciar conscientemente nosso destino. Isso acontece através da *sincro*nização de relacionamentos aparentemente *acausais* que moldam um *destino* – daí, o sincrodestino. Nele, participamos conscientemente da criação da nossa vida ao compreender o mundo que está além dos sentidos, o mundo da alma.

A COINCIDÊNCIA DO UNIVERSO

Nada, absolutamente nada, existiria não fosse um extraordinário conjunto de coincidências. Li certa vez o artigo de um físico descrevendo o Big Bang que deu origem ao universo. Naquele momento, o número de partículas criadas foi ligeiramente maior do que o de antipartículas. As partículas e as antipartículas então colidiram e aniquilaram umas às outras, inundando o universo de fótons. Devido ao desequilíbrio inicial, restaram algumas partículas depois da aniquilação, que criaram o que conhecemos como mundo material. Você, eu e o resto do universo, inclusive as estrelas e as galáxias, são um material que sobrou do momento da criação. O número total de partículas restantes foi 10^{80} (o número 1 seguido de 80 zeros). Se o número de partículas tivesse sido ligeiramente maior, as forças gravitacionais teriam obrigado o jovem universo a sucumbir sobre si mesmo, formando um enorme buraco negro, o que significaria que você, eu, as estrelas e as galáxias simplesmente não existiriam. Se o número de matérias-partículas tivesse sido levemente menor, o universo teria se expandido tão rápido que não teria havido tempo para as galáxias se formarem como o fizeram.

Os primeiros átomos foram de hidrogênio. Se a poderosa força que sustenta o núcleo de um átomo tivesse sido uma fração percentual menor, o deutério, um estágio pelo qual o hidrogênio passa antes de se tornar hélio, não teria ocorrido e o universo teria continuado a ser hidrogênio puro. Se, por outro lado, as forças nucleares fossem uma fração mais fortes, todo o hidrogênio teria se queimado rapidamente, não deixando nenhum combustível para as estrelas. Desse modo, assim como as forças gravitacionais precisavam ter exatamente a força que tinham, as forças eletromagnéticas que mantinham os elétrons no lugar também precisavam ser exatamente como eram – nem uma fração a mais ou a menos –, para que as estrelas se transformassem em supernovas e os elementos pesados se desenvolvessem.

O desenvolvimento do carbono e do oxigênio, essenciais para a criação dos organismos biológicos, exigiu que muitas coincidências tivessem lugar e continuassem a ocorrer a partir do momento do Big Bang. O fato de você e eu, bem como o universo com as suas estrelas, galáxias e planetas existirmos é um evento altamente improvável! Uma completa coincidência. Um milagre que recua aos primórdios do tempo.

Se você pudesse ter contemplado o universo em qualquer ponto particular daquele período, não teria visto o padrão inteiro que estava se desenvolvendo. Enquanto as estrelas estavam se formando, você não poderia ter imaginado os planetas e muito menos as girafas, as aranhas, os pássaros e os seres humanos. Quando o esperma se encontrou com o óvulo para criar o ser humano que você é, ninguém poderia ter imaginado a narrativa extraordinária da sua vida, as fantásticas reviravoltas do seu passado, as pessoas que conheceria, as crianças as quais daria à luz, o amor que criaria, a impressão que deixaria sobre a terra. E no entanto aqui está você, a prova viva dos milagres do dia-a-dia. O fato de não podermos observar os milagres da maneira como nos maravilhamos diante de truques mágicos, ou seja, com uma gratificação instantânea, não significa que eles não estejam ocorrendo. Muitos milagres levam tempo para serem revelados e apreciados.

Eis outro exemplo da minha vida, que ilustra a mecânica lenta do sincronismo. Ele começou no dia em que eu tinha cerca de dez ou onze anos e o meu pai me levou, junto com o meu irmão, para assistir a um jogo de críquete entre a Índia e as Índias Ocidentais. Os países do Caribe tinham jogadores incríveis, alguns dos quais eram capazes de arremessar a bola a 153 quilômetros por hora. Durante aquele jogo, a Índia estava levando uma surra das Índias Ocidentais, estando atrás em cinco *wickets** por alguns *runs,* ** o que é um desastre no críquete. Foi então que dois jovens jogadores entram em cena. Para proteger a privacidade deles, vou chamá-los de Saleem e Mohan.

Eram jogadores incríveis. Tornaram a partida mais refinada, defenderam todas as bolas e marcaram seis *runs* o tempo todo. Por causa deles, o time da Índia ganhou essa partida completamente impossível. Houve tumulto no estádio por causa das comemorações. As pessoas queimaram os *wickets.* Esses dois jogadores de críquete tornaram-se os meus heróis e os do meu irmão. Tudo que fazíamos era sonhar com o críquete. Fundamos um clube de críquete e começamos a montar um livro de recortes de revistas e jornais para colecionar informações sobre Mohan e Saleem.

Quarenta anos depois, três amigos e eu estávamos viajando pela Austrália. Foi impossível pegar um táxi para o aeroporto porque estavam lotados devido a uma partida de críquete entre os

---

* Uma espécie de portãozinho feito de varetas e que deve ser atingido para se marcarem pontos. (N. da T.)

** Pontos. (N. da T.)

times da Austrália e o das Índias Ocidentais. Nem mesmo conseguimos alugar um carro porque todos estavam tomados. Finalmente, o recepcionista do hotel nos disse que havia uma limusine indo para o aeroporto e as pessoas que a haviam contratado não se importavam em dividi-la conosco. Ficamos felizes por conseguir o transporte e entramos na limusine, onde já estavam uma mulher chamada Kamla e um homem. Enquanto seguíamos para o aeroporto, ouvíamos o motorista gritar de vez em quando e nos perguntávamos o que estaria acontecendo. Ele nos disse que as Índias Ocidentais estavam dando uma surra no time de críquete australiano. Naquele instante, a minha consciência foi completamente invadida pela lembrança do jogo ao qual assisti na infância. O sentimento foi tão surpreendente que o compartilhei com os meus companheiros de percurso. A partida tinha acontecido décadas antes, mas eu ainda era capaz de descrever cada detalhe dela.

Quando finalmente chegamos ao aeroporto e fomos fazer o check in, o funcionário disse a Kamla que o vôo dela era na tarde do dia seguinte. Ela tinha chegado no dia errado! Ela perguntou se poderia trocar a passagem para aquele dia, mas os vôos estavam lotados. Kamla telefonou para o hotel onde estivera hospedada para ver se conseguiria passar lá mais uma noite, mas o estabelecimento também estava repleto devido ao jogo de críquete. Sugerimos então que ela fosse conosco para Brisbane. Ela acabou voando conosco. No avião, o indiano sentado à minha esquerda me reconheceu e me mostrou um exemplar de um dos meus livros, *As sete leis espirituais do sucesso.* Ele me pediu para autografá-lo. Perguntei o nome dele e ele respondeu: "Ramu." Eu disse: "Tudo bem, Ramu. Qual o seu sobrenome?" Ele disse: "Menon." Indaguei: "Você não seria filho de Mohan Menon, seria?" Ele disse que era. Mohan Menon tinha sido o meu herói décadas antes naquele jogo de críquete ao qual assisti com o meu irmão! Ficamos conversando durante duas horas. Eu estava fortemente emocionado. Sentia-me como se estivesse falando com o filho de Babe Ruth. Perguntei se ele jogava críquete e ele respondeu que não naquele momento, mas já tinha jogado com grandes jogadores. Quando perguntei com quem ele tinha jogado, ele respondeu: "Ravi Mehra." Ao ouvir esse nome, Kamla, que estava sentada ao meu lado, deu um grito. Ravi Mehra era irmão dela. Começaram a conversar e descobriram que cada um tinha contatos comerciais que poderiam beneficiar o outro, o que possibilitou que se ajudassem mutuamente mais tarde e ficassem bem mais ricos. Fui o afortunado catalisador que transformou a vida de dois estranhos que eu acabara de conhecer! Quarenta anos depois daquele jogo de críquete, a complexa rede imprevisível de relacionamentos criou novas oportunidades. Nunca se sabe como e quando as experiências da vida ressurgirão. Nunca se sabe quando uma coincidência dará origem a uma oportunidade que poderá mudar nossa vida.

A ATENÇÃO E A INTENÇÃO

A consciência coordena a própria atividade em resposta tanto à atenção quanto à intenção. Se voltamos a atenção para alguma coisa, ela se energiza. Se a retiramos, ela definha. Por outro lado, como já vimos, a intenção é a chave da transformação. Poderíamos dizer então que a atenção ativa o campo de energia e a intenção ativa o campo de informação, que causa a transformação.

Todas as vezes que você fala, transmite informações através de um campo de energia que usa ondas sonoras. Todas as vezes que envia ou recebe um e-mail, você utiliza a informação e a energia. Existe informação nas palavras que você escolhe e a energia é o impulso eletromagnético que viaja através do ciberespaço. A informação e a energia estão inseparavelmente conectadas.

Você já reparou que quando começa a prestar atenção a uma palavra, cor ou objeto particular, ele começa a aparecer mais vezes no seu ambiente? O meu primeiro carro foi um fusquinha. Nunca prestei muita atenção a carros em geral e raramente notava fuscas nas ruas. No entanto, depois que comprei o meu, passei a vê-los por toda parte. Eu tinha a impressão de que a cada três carros na rua, um era um fusca vermelho conversível! Aqueles pequenos carros não tinham passado a desempenhar um papel mais importante no universo; a minha atenção é que fez com que qualquer coisa associada a fuscas "saltasse" para o meu campo de atenção.

Acontecem milhões de coisas todos os dias que nunca chegam a penetrar na mente consciente: barulhos da rua, artigos de jornal pelos quais passamos rapidamente os olhos, padrões de roupas, cores de sapatos, odores, texturas, sabores. A consciência só consegue lidar com uma quantidade limitada de informações, de modo que temos uma atenção seletiva. Qualquer coisa que decidamos focalizar passará pelo sistema de filtragem da mente. Imagine, por exemplo, que estou conversando com você em uma festa. Estamos envolvidos em um diálogo interessante e o alvoroço da festa está em segundo plano. No entanto, alguém no outro lado da sala começa a falar sobre você, o que faz com que você de repente comece a prestar atenção ao que está sendo dito. O burburinho da festa desaparece e embora eu possa estar ao seu lado falando perto do seu ouvido, você não me escuta. Esse é o poder da atenção.

Temos no mundo físico muitas maneiras diferentes de obter informações: os jornais, livros, a televisão, o rádio, as conversas ao telefone celular, os rádios de ondas curtas. Todas essas maneiras de entrar em contato com vários tipos de informação, além de muitas outras, estão imediatamente disponíveis para nós. Podemos simplesmente entrar em sintonia com elas por meio do mecanismo sensorial, olhando, ouvindo, sentindo, cheirando e provando o ambiente que nos cerca. Mas se quisermos entrar em contato com as informações no nível da alma, precisamos obtê-las de um jeito diferente.

Não voltamos normalmente a atenção para essa dimensão invisível, mas tudo o que acontece no mundo visível tem origem nela. Todas as coisas estão conectadas. No mundo espiritual, essas conexões tornam-se visíveis, mas no mundo físico, apenas vislumbramos as ligações nas pistas que nos são fornecidas por meio da coincidência. À medida que a atenção cria energia, a intenção promove a transformação dessa energia. A atenção e a intenção são as ferramentas mais poderosas do adepto da espiritualidade. Elas ativam a atração de um certo tipo de energia e de informação.

Assim sendo, quanto mais você prestar atenção às coincidências, mais atrairá outras, o que o ajudará a esclarecer o significado delas. Voltar a atenção para a coincidência atrai a energia e, a seguir, fazer a pergunta: "Qual o significado dela?" atrai a informação. A resposta poderá surgir como uma idéia nova, um sentimento intuitivo, um encontro ou um novo relacionamento. Você poderá experimentar quatro coincidências aparentemente não relacionadas e depois assistir ao noticiário noturno na televisão e ter uma idéia. Heureca! Agora entendo o que elas queriam dizer! Quanto mais atenção você dedicar às coincidências e quanto mais procurar descobrir o seu sentido, com mais freqüência elas acontecerão e mais claro será o seu significado. Quando você consegue perceber e interpretar as coincidências, o seu caminho em direção à realização começa a ficar visível.

Na experiência da maioria das pessoas, o passado reside apenas na memória e o futuro, na imaginação. No entanto, no nível espiritual, o passado, o futuro e as diferentes probabilidades da vida existem simultaneamente. Tudo acontece ao mesmo tempo. É como se eu tocasse um CD com vinte e cinco faixas, mas no momento só estivesse ouvindo uma delas, a primeira, por exemplo. As outras continuam no CD nesse exato momento, mas simplesmente não as ouço. E como não estou consciente delas, posso pressupor que não existem. Se eu tivesse um dispositivo que mudasse as faixas da minha experiência de vida, poderia prestar atenção a ontem, hoje ou amanhã com a mesma facilidade. As pessoas que estão em sintonia com o eu mais profundo podem ter acesso a essa esfera mais penetrante porque esse eu não é separado do universo; os budistas dizem que o nosso "eu" é um *interser* que está interligado com tudo que existe. Somos uma parte inseparável da sopa quântica cósmica.

ALIMENTANDO A COINCIDÊNCIA

Sabemos agora que colocar a atenção nas coincidências atrai um número maior delas e aplicar a intenção revela o seu significado. Desse modo, as coincidências tornam-se pistas para a vontade do universo, oferecendo-nos uma maneira de perceber o seu sincronismo e tirar vantagem das oportunidades ilimitadas da vida. No entanto, considerando os bilhões de informações diferentes que nos chegam a todo instante, como podemos saber onde devemos colocar a atenção? O que fazer para não ficar procurando um significado em cada xícara de chá, em cada comercial da televisão ou em cada desconhecido que olha para nós na rua? E, ao contrário, o que fazer para não deixar escapar valiosas oportunidades?

Não é possível responder a essas perguntas de uma maneira simples. Parte do processo de aprender a viver o sincrodestino envolve adquirir o conhecimento de como tornar-se um instrumento sensível no seu ambiente. Feche os olhos por um momento. Procure sentir tudo no seu ambiente. Que sons está escutando? O que consegue cheirar, sentir ou provar nesse momento? Ponha a atenção por um instante individualmente em cada sentido e fique totalmente consciente.

Se você nunca fez esse exercício antes, é bem provável que tenha deixado escapar alguns desses estímulos comuns – não por serem fracos, mas porque nos acostumamos tanto a eles que nem notamos que existem. Por exemplo, o que você *sentiu?* Qual era a temperatura ambiente? Havia alguma brisa ou o ar estava parado? Que partes do seu corpo estavam em contato com a cadeira onde você está sentado? Notou a pressão na parte posterior da coxa ou na região lombar? E os sons? Quase todos conseguimos captar facilmente o latido de um cão a distância ou o barulho de uma criança brincando no quarto ao lado, mas e os sons mais sutis? Você conseguiu ouvir o sopro do aquecedor ou do ar-condicionado? E o som da sua respiração? E o ronco do seu estômago? E o leve zumbido do trânsito?

As pessoas sensíveis aos eventos e aos estímulos que as cercam conseguirão perceber as coincidências enviadas pelo universo. As pistas que recebemos nem sempre virão pelo correio ou em uma cena rápida na televisão (embora às vezes isso aconteça). As pistas podem ser sutis como o cheiro da fumaça de um cachimbo soprando por uma janela aberta, o que o faz pensar no seu pai, que o faz pensar em um livro que ele adorava, que a seguir, de algum modo, vem a desempenhar um papel importante na sua vida no momento.

Concentre-se, pelo menos uma vez por dia, em um dos seus cinco sentidos – a visão, a audição, o paladar, o tato ou o olfato – e permita-se observar o maior número possível de aspectos dele. Embora esse procedimento a princípio exija um esforço, logo você dará consigo fazendo-o naturalmente. Obstrua os outros sentidos se você achar que eles o distraem em excesso. Tente, por exemplo, comer diferentes alimentos enquanto prende o nariz e fecha os olhos; concentre-se na textura da comida, sem se deixar distrair pela visão ou pelo cheiro.

Os estímulos mais poderosos e fora do comum atrairão naturalmente a sua atenção. Essas são as coisas no seu ambiente que você precisa examinar mais de perto. Além disso, quanto mais improvável a coincidência, mais poderosa a pista. Se estiver pensando em se casar, o fato de você passar a perceber mais os anúncios de alianças de casamento é uma coincidência secundária porque esse tipo de propaganda é abundante. No entanto, um avião passar com uma faixa onde está escrito JOANNA, CASE-SE COMIGO, exatamente no momento em que você está pensando em pedir a sua Joanna em casamento, é um evento altamente improvável, além de uma mensagem extremamente poderosa do caminho que o universo planejou para você.

Quando surgir uma coincidência, não deixe de dar atenção a ela. Pergunte aos seus botões qual a mensagem que ela encerra e qual o significado dela. Você não precisa fazer um grande esforço para descobrir as respostas. Faça a pergunta e elas surgirão. Podem aparecer como uma idéia repentina, uma experiência criativa espontânea, ou podem se manifestar como algo muito diferente. Talvez você encontre uma pessoa que esteja de algum modo relacionada com a coincidência que ocorreu. Um encontro casual, um relacionamento, uma situação, uma circunstância imediatamente lhe fornecerá uma pista do significado dela. "Ah, então era isso!"

Pense em como a última discussão que tive com o endocrinologista foi a gota d'água que estava faltando e que finalmente conferiu significado ao anúncio de vagas oferecidas nos classificados do *Boston Globe* que eu vinha notando, mas que não levara devidamente em consideração. A chave é prestar atenção e fazer perguntas.

Outra coisa que você pode fazer para alimentar a coincidência é manter um diário de coincidências na sua vida. Após passar anos fazendo anotações, classifico as coincidências como pequenas, médias, extraordinárias e duplamente extraordinárias. No caso de algumas pessoas, a maneira mais fácil é manter um diário comum e sublinhar ou realçar palavras ou frases que aparecem como coincidências. Já outras pessoas preferem um diário especial só para coincidências. Elas começam uma nova página para cada coincidência importante e a seguir anotam nessas páginas quaisquer outras conexões com esse evento.

No caso das pessoas que desejam investigar profundamente a coincidência, um dos procedimentos que recomendo é a recapitulação. É uma maneira de você se colocar na posição de observador da sua vida e dos sonhos, para que as conexões, temas, imagens e coincidências se tornem mais claros. Como a nossa ligação com a alma universal é muito mais óbvia quando estamos sonhando, esse procedimento possibilita que você tenha acesso a um nível totalmente novo de coincidências.

Quando for para a cama à noite, antes de pegar no sono, sente-se por alguns minutos e imagine que está presenciando na tela da sua consciência tudo o que aconteceu durante o dia. Veja o seu dia como um filme. Assista a si mesmo levantando-se pela manhã, escovando os dentes, tomando café, dirigindo para o trabalho, cuidando dos seus negócios, voltando para casa, jantando – tudo que você fez até a hora de dormir. Não é preciso analisar, avaliar ou julgar o que você vir... apenas assista ao filme. Observe tudo. Você poderá até mesmo notar coisas que não lhe pareceram importantes na ocasião. Poderá se dar conta de que a cor do cabelo da balconista da farmácia era igual à do cabelo da sua mãe quando você era criança. Ou talvez você preste uma atenção especial à criança que chorava enquanto a mãe a arrastava pelo corredor de um supermercado. É impressionante o número de coisas que aparecem nesse filme nas quais você talvez não tenha conscientemente reparado durante o dia.

Enquanto observa o seu dia passar no filme, aproveite a oportunidade para se ver objetivamente. Você pode dar consigo fazendo algo de que não se orgulha particularmente ou, às vezes, pode reparar que está fazendo coisas embaraçosas. Uma vez mais, a meta não é avaliar e sim ir conhecendo aos poucos o comportamento do protagonista, o personagem que é você.

Quando a recapitulação acabar, o que pode levar cinco minutos ou meia hora, diga para si mesmo: "Tudo que presenciei, esse filme de um dia da minha vida, está agora guardado em segurança. Posso chamar essas imagens à tela da minha consciência, mas assim que as liberto elas desaparecem." O filme acabou. A seguir, quando você for dormir, diga aos seus botões: "Assim como acabo de recapitular o meu dia, estou dando instruções para a minha alma, o meu espírito e o meu subconsciente para que observem os meus sonhos." No início, você talvez não note muitas mudanças, mas se praticar o exercício todas as noites durante algumas semanas, começará a ter uma experiência muito clara de que o sonho é o cenário e você, a pessoa que o observa. Ao acordar pela manhã, recapitule a noite, assim como recapitulou o dia à noite.

Quando conseguir se lembrar do filme dos seus sonhos, escreva algumas das cenas mais memoráveis. Inclua-as no seu diário, fazendo uma anotação especial das coincidências. Da mesma maneira como faz durante o período em que estamos acordados, a inteligência não-local também fornece pistas quando dormimos. Durante o dia, encontro pessoas, tenho interações, participo de situações ou circunstâncias, eventos, relacionamentos etc. e, à noite, também me vejo nessas situações. A diferença é que durante o dia, parece haver uma explicação lógica e racional para o que acontece. Os sonhos não são apenas projeções da consciência; são, na verdade, a maneira como interpretamos os nossos caminhos na vida. A mecânica do sonho e a mecânica do que está acontecendo conosco na suposta realidade são as mesmas projeções da alma. Somos meramente testemunhas.

O que começa a acontecer, portanto, é que pouco a pouco percebemos correlações, imagens que se repetem tanto nos sonhos quanto na realidade cotidiana. Um número maior de coincidências fornece mais pistas capazes de guiar nosso comportamento. Começamos a ter mais oportunidades. Passamos a ter mais "sorte". Essas pistas indicam a direção que devemos tomar na vida. Através desse processo de recapitulação, percebemos os padrões recorrentes e começamos a desvelar o mistério da vida.

Esse procedimento é especialmente proveitoso para abandonar hábitos destrutivos. A vida costuma encenar certos temas. Às vezes, eles atuam a nosso favor. Às vezes, funcionam contra nós, particularmente quando repetimos muitas vezes os mesmos padrões ou temas, esperando obter um resultado diferente. Muitas pessoas que se divorciam, por exemplo, apaixonam-se de novo e acabam envolvidas no mesmo tipo de relacionamento que tinham antes. Elas repetem o mesmo trauma, revivem a mesma angústia e depois perguntam: "Por que isso sempre acontece comigo?" O procedimento da recapitulação pode nos ajudar a observar esses padrões e, depois que os descobrimos, podemos fazer escolhas mais conscientes. Manter um diário não é uma condição necessária, mas ajuda a trazer à tona idéias e coincidências.

Permaneça portanto sensível, observe as coincidências que ocorrem na sua vida no decorrer do dia e à noite, nos seus sonhos, e preste uma atenção especial a qualquer coisa que viole a amplitude da probabilidade, a possibilidade estatística de um evento no espaço-tempo. Todos precisamos planejar as coisas até certo ponto, fazer suposições sobre o amanhã apesar de na verdade não sabermos o que irá acontecer. Qualquer coisa que perturbe nossos planos, qualquer coisa que nos desvie da trajetória na qual julgamos estar, pode fazer com que tenhamos uma idéia importante. Até mesmo a ausência de eventos que esperamos pode ser uma indicação da intenção do universo. Pessoas que têm dificuldade em acordar pela manhã para ir trabalhar em um emprego que detestam, que acham difícil envolver-se nas atividades profissionais, que se sentem emocionalmente "mortas" depois de um dia no escritório, precisam prestar atenção a esses sentimentos. Trata-se de sinais importantes de que deve haver uma maneira de se extrair mais realização da vida. Talvez um milagre esteja à espreita. Você nunca descobrirá se não formar uma intenção, se não se tornar sensível às pistas do universo, se não seguir a cadeia de coincidências e se não ajudar a criar o destino que você mais deseja.

É claro que a vida pode ser difícil e cada um de nós tem responsabilidades e obrigações cotidianas que podem se tornar opressivas. As coincidências podem vir voando de todos os cantos na sua direção ou podem parecer se extinguir totalmente. Como encontrar o seu caminho em um mundo tão complexo? Sente-se em silêncio todos os dias durante cinco minutos. Nesse período, faça as seguintes perguntas à sua atenção e ao seu coração: "Quem sou eu? O que quero que aconteça na minha vida? O que quero da minha vida hoje?" A seguir relaxe e deixe que o fluxo de consciência, a sua voz interior mais tranqüila, forneça as respostas. Passados cinco minutos, anote-as. Faça isso todos os dias e ficará surpreso com a forma pela qual as situações, circunstâncias, eventos e pessoas se organizarão em torno das respostas. Esse é o início do sincrodestino.

Para algumas pessoas, pode ser difícil responder a essas perguntas pela primeira vez. Muitos de nós não estamos acostumados a pensar em função de nossas carências e necessidades e, quando o fazemos, certamente não esperamos satisfazê-las. Se você ainda não definiu por si mesmo a meta da sua vida, o que fazer então? Seria proveitoso que o universo nos fornecesse uma grande pista, ou uma bússola gigante, se você preferir, que aponte para a direção que deveríamos estar seguindo. Na verdade, a bússola existe. Para encontrá-la, basta olhar dentro de nós mesmos para o mais puro desejo de nossa alma, o sonho que ela tem para a nossa vida. Ao descobrir esse desejo e compreender a natureza fundamental dele, passamos a ter um norte permanente, que podemos manifestar sob a forma de símbolos arquetípicos.

6

DESEJOS E ARQUÉTIPOS

Chegamos agora à essência do sincrodestino. Descobrimos a natureza dual da alma e compreendemos que somos parte integrante da inteligência não-local, exatamente como a onda é parte do oceano. Aprendemos a perceber o sincronismo em todas as coisas, a matriz que nos liga à origem do universo. Aprendemos a valorizar as coincidências como mensagens da inteligência não-local que nos mostra a direção do nosso destino e sabemos que a intenção pode influenciar esse rumo. Todas essas revelações são fundamentais para que possamos viver uma vida realizada, mas quando buscamos orientação para saber como construir a vida cotidiana, ainda precisamos responder à pergunta central do eu. Quais são os meus sonhos e desejos? Quem sou eu? O que quero? Qual o meu propósito nesta vida?

Sabemos que os relacionamentos, significados e contextos mais profundos derivam da alma, e a nossa aspiração, essa coisa grandiosa, maravilhosa e mítica que ansiamos por fazer, também provém essencialmente da alma. A alma individual não se realizará no período que passamos na terra se não completar a sua busca mítica, que podemos considerar o Grande Plano ao redor do qual nosso destino está organizado. Dentro de cada ser humano, existe um tema abrangente, um padrão para a vida heróica, um deus ou deusa embrionário que anseia por nascer. Esse é aquele que fomos feitos para ser, o eu que negamos a nós mesmos porque a maioria de nós não consegue enxergar o potencial ilimitado que se abre à nossa frente. Ele é o nosso melhor eu, o eu desprovido de ego, o pedacinho do universo que atua através de nós para o bem do todo.

As pessoas que vivem uma vida comum e mundana não entraram em contato com o ser mítico que existe dentro delas. Você pode preparar o caminho para a iluminação entendendo o plano escrito na sua alma, alimentando os relacionamentos que conferem a você contexto e significados, e encenando o seu drama mítico. Essa atitude dá origem ao amor e à compaixão, à realização e à consumação.

Essas histórias míticas, os heróis e heroínas interiores são chamados de arquétipos. Eles são temas perenes que residem no nível da alma coletiva, universal. Esses temas são representações dos anseios, da imaginação e dos desejos mais profundos da alma coletiva. Esses temas sempre existiram. Nós os vemos nas obras das culturas da antiguidade e na literatura através dos séculos. A forma deles muda dependendo de onde nos situamos na história, mas a essência permanece a mesma. Os arquétipos são encenados nos filmes, nas novelas da televisão e nos tablóides dos dias atuais. Sempre que uma pessoa ou personagem é "exagerada", estamos presenciando a encenação de um arquétipo. Esses personagens são em geral apresentados como descomplicados e possuidores de intenções puras, independentemente de quais estas possam ser. Divino ou diabólico, sagrado ou profano, o pecador ou o santo, o aventureiro, o sábio, o buscador, o salvador, o objeto de amor, o redentor – todos são expressões exageradas da energia consciente da alma coletiva.

Os arquétipos nascem da alma coletiva, mas são encenados por almas individuais. Os dramas míticos delas têm lugar diariamente no mundo físico. Podemos olhar para Marilyn Monroe e ver facilmente a personificação de Afrodite, uma deusa do sexo e da beleza. Podemos ver Robert Downey Jr. como a encarnação de Dionísio ou Baco, o espírito indomado e amante dos prazeres. A princesa Diana era Ártemis, a guerreira não-conformista, selvagem, quebradora de regras e destemida, que luta por aquilo em que acredita.

Todo ser humano está em sintonia com um, dois ou três arquétipos. Cada um de nós está intrinsecamente programado, no nível da alma, para encenar ou modelar características arquetípicas, que são sementes plantadas dentro de nós. Quando uma semente brota, libera as forças modeladoras que possibilitam que ela se torne um determinado tipo de planta. Uma semente de tomate sempre se transformará em um tomateiro e nunca em uma roseira. A ativação de um arquétipo libera as forças modeladoras dele que possibilitam que nos tornemos mais intensamente o que já estamos destinados a ser. Os arquétipos individuais também estão refletidos nos nossos desejos ou intenções. Assim sendo, quem sou eu? O que quero? Qual o propósito da minha existência? No nível mais profundo, essas perguntas são feitas à alma. E para descobrir as respostas, precisamos falar com a parte da alma que é exclusivamente nossa. E à medida que fazemos isso, aprendemos a definir nossos arquétipos individuais.

Vivemos em uma sociedade que é de tal modo voltada para os objetivos que tudo precisa ter um rótulo, mas essa tendência não é tão útil quando exploramos a natureza da alma. Algumas pessoas dizem que eu sou um autor. Outras me chamam de pensador espiritual, médico do corpo/mente ou aconselhador pessoal. Meus filhos pensam em mim como pai e minha mulher me vê como companheiro. Todos esses papéis ajudam a me definir, mas aquele que eu sou realmente está emergindo continuamente enquanto meu destino se expande. Se você se rotula, fica preso, como uma borboleta capturada em um frasco. Adotar um arquétipo não é rotular porque não envolve limitações. Muito pelo contrário. Os arquétipos são modelos de vida, imagens e idéias que norteiam a sua vida em direção ao destino supremo da sua alma. Reconhecer sua verdadeira natureza e permitir que ela floresça faz parte da beleza de viver a partir do nível da alma; você se torna o herói ou a heroína de uma saga mítica.

Se deixarmos que as forças do mundo físico nos controlem, sejam elas bem-intencionadas ou não, somos seduzidos e levados a nos afastar do destino de nossa alma. Começamos a desejar coisas que podem não estar destinadas a nós, a ter intenções que não combinam com as intenções do universo. Como são essas forças? Elas podem ser inocentes, como os amigos que lhe dão conselhos que julgam ser do seu melhor interesse; podem ser de amplo alcance como as mensagens da mídia que nos induzem a comprar uma linha interminável de produtos; podem ser sedutoras como uma sala bem localizada em uma empresa com a placa de vice-presidente na porta e um magnífico salário. Todas são mensagens do mundo físico e não do universo. O plano que o universo tem para você é encontrado no nível da alma. Obtemos pistas sob a forma de coincidências e recebemos orientação sob a forma de arquétipos.

De que modo então você pode saber qual o destino planejado para você e que sonho é apenas produto da cultura massificada? Quantas meninas não sonham em ser a próxima Britney Spears? Quantos meninos não anseiam por ser o próximo Michael Jordan? Imitamos essas celebridades porque elas estão encenando seus próprios arquétipos, elas conseguiram seguir a sua busca interior. Você só pode começar a conhecer seus arquétipos e seu destino entrando em contato com a vontade da alma universal, olhando profundamente dentro de si mesmo e definindo seus desejos mais íntimos, escolhendo o arquétipo que mais combina com as suas intenções e seguindo os antiqüíssimos padrões dele.

O PROPÓSITO DOS ARQUÉTIPOS

A descoberta dos arquétipos é uma experiência altamente pessoal. Ninguém é capaz de olhar para você, mesmo que o conheça bem, e dizer: "Oh, você é esse arquétipo." A ciência védica, a antiga tradição de sabedoria da Índia, diz que a não ser que possamos entrar em contato com esse deus ou deusa embrionário que existe latente dentro de nós, a não ser que deixemos esse embrião nascer plenamente, a nossa vida será sempre mundana. No entanto, assim que esse deus ou deusa se expressar através de nós, faremos coisas grandiosas e maravilhosas.

Hoje em dia, temos a tendência de procurar arquétipos simbólicos nas celebridades, mas precisamos alimentar em nós mesmos a expressão plena dos arquétipos. Eles são parte do que nos cria. São a substância dos nossos sonhos, da mitologia, das histórias contadas ao redor das fogueiras, das lendas. São eles que servem de inspiração para os grandes filmes. Em *Guerra nas estrelas*, Luke Skywalker é a expressão do arquétipo do eterno aventureiro, desejoso de correr riscos para explorar o desconhecido. A princesa Leia é semelhante a Ártemis, a caçadora independente, a protetora. Yoda é o vidente sábio, detentor do poderoso conhecimento que está conectado à inteligência não-local. Trata-se de figuras de nossa imaginação coletiva, antigos arquétipos sob uma forma futurista.

Os arquétipos são vitais para que possamos compreender e definir quem somos, expressões individuais de uma consciência coletiva. A mitologia é o manancial da nossa civilização. Uma das conseqüências de privarmos as pessoas da mitologia é elas se juntarem a gangues de rua. Por quê? Porque as gangues têm um líder, rituais e ritos de iniciação, que são a substância da mitologia. Nossos filhos estão se unindo a gangues em busca de uma experiência mítica. Sempre que alguém faz uma coisa extraordinária, ou seja, quando os astronautas pisam na Lua, um piloto realiza o primeiro vôo solo através do Atlântico, estamos diante de uma aventura mítica; Jasão em busca do Velocino de Ouro, Ícaro voando com suas asas coladas com cera. Temos no rapto de Perséfone por Plutão, em Orfeu em busca da noiva entre as sombras de Hades, em Apolo, em Krishna e em todas as histórias da mitologia celta o mais profundo manancial de civilização e identidade.

As gangues, os filmes, as novelas e as celebridades nos fascinam exatamente porque evocam esse sentimento mítico. Mas eles são substitutos de segunda classe para a mitologia. Os verdadeiros arquétipos são encenados por pessoas como Mahatma Gandhi, Martin Luther King Jr., Rosa Parks; por qualquer pessoa que transcenda a vida cotidiana e penetre a esfera do extraordinário. Elas são capazes de alcançar a grandeza porque entraram em contato com a consciência coletiva, que lhes conferiu a capacidade de enxergar simultaneamente várias linhas de eventos e prever o futuro baseadas em escolhas do momento. Dizem que quando Mahatma Gandhi foi atirado para fora do trem em Durban, na África do Sul, ele fechou os olhos e viu o Império britânico desmoronando do outro lado do mundo. Esse episódio mudou o curso da história.

Esses eventos criam uma mudança nos mecanismos cognitivo e perceptivo. Esses mecanismos normalmente nos permitem ver apenas o que está acontecendo aqui, bem na nossa frente. Mas de tempos em tempos podemos despertar aptidões adormecidas e a sabedoria para saber usá-las. Em sânscrito, elas são chamadas de *siddhis,* que significa poderes supernormais como a percepção extra-sensorial, o sincronismo e a telepatia, todos produtos da esfera não-local. Esses são os poderes que florescem na qualidade de mito.

DESCOBRINDO SEUS ARQUÉTIPOS

O processo de encontrar um arquétipo deve ser alegre. Não fique preocupado com a possibilidade de não fazer uma escolha sábia. Como os arquétipos emanam da consciência coletiva, todos estão presentes em cada um de nós. No entanto, alguns deles estão mais fortemente representados. A sua meta é encontrar um, dois ou até mesmo três arquétipos que se harmonizem mais intensamente com você, aqueles que representam o seu coração. Não escolha quem você deseja ser, ou mesmo as qualidades que mais admira; procure, em vez disso, as qualidades pelas quais você se sente atraído, que o motivam, que lhe servem de inspiração. Você as reconhecerá ao encontrá-las. O melhor de tudo é que não existem respostas erradas.

Para facilitar a busca, experimente o seguinte exercício, que é uma adaptação do trabalho da minha amiga Jean Houston, autora de *A Mythic Life: Learning to Live our Greater Story.* Os seus livros contêm muitos outros exercícios, os quais recomendo no mais alto grau. Assuma uma posição confortável e esvazie a mente. O ideal é que você feche os olhos e os parágrafos seguintes sejam lidos para você; se possível grave-os em fita ou CD e toque-os para poder imaginar as cenas com mais clareza. No entanto, uma leitura feita com a mente clara e aberta também pode funcionar.

Comece respirando profundamente algumas vezes. Inspire e solte o ar devagar, liberando qualquer tensão ou resistência que você possa trazer no corpo. Continue a respirar lenta e profundamente, deixando que cada expiração o conduza a um lugar mais tranqüilo e relaxado.

Imagine agora que você está andando ao longo de um belo caminho no campo orlado de árvores, longe da turbulência da cidade. Você observa o cenário rural enquanto passeia, pássaros voam sobre a sua cabeça, coelhos de cauda branca cruzam o caminho e borboletas adejam de um lado para o outro. Você chega a uma clareira e nota uma encantadora cabana rústica com telhado de sapê. A porta está aberta como se lhe desse as boas-vindas. Você espia o lado de dentro e vê uma sala de leitura e um corredor que conduz à parte de trás da casa. Você sente muito conforto e segurança nesse local, como se estivesse voltando para casa, e começa a andar pelo corredor em direção a um pequeno aposento. Você repara na porta de um closet e a abre. Empurrando as roupas para o lado, descobre uma abertura na parte posterior do closet. Você passa pela abertura e percebe que ela conduz a uma escada muito antiga que desce serpenteando. A escada está na penumbra, de modo que é preciso descer com cautela, dando um passo de cada vez, apoiando-se no corrimão e tomando muito cuidado para não cair. Finalmente, ao chegar à base da escada dá consigo à beira de um rio largo que reflete os raios prateados do luar. Sentado na margem, você ouve o rio passar silencioso e contempla a eternidade repleta de estrelas do céu noturno.

Bem ao longe, você vê um pequeno barco que navega na sua direção. Ele se aproxima deslizando e uma figura coberta por uma túnica de linho ergue-se no barco e acena para que você entre. Sentindo-se protegido e em segurança, você sobe a bordo e recebe para vestir um traje harmonioso, decorado com símbolos antigos.

O barco parte através de um túnel estreito, que parece não ter fim. Na popa, o barqueiro de barba começa a cantar alguns mantras desconhecidos e, após alguns momentos, você percebe que os seus sentidos se tornaram mais alertas. Você está relaxado e curiosamente entusiasmado.

Uma luz surge no fim do túnel e fica mais brilhante. À medida que se aproxima da luz, você toma consciência de que se trata de um convite para entrar na esfera virtual. Quando você aceita, e submerge na luz, percebe de repente que não está sujeito à ação da gravidade. Sai flutuando do barco e sente que está se fundindo com essa luz. Você se torna essa luz. Você é agora um ser virtual, uma esfera de luz vibrante. A partir dessa esfera de pura potencialidade, você pode emergir na realidade quântica e material em qualquer forma e em qualquer local do espaço-tempo que escolher.

Você atinge as profundezas do seu ser de luz e emerge como a deusa Hera, rainha do Olimpo e de todos os deuses da Grécia, o símbolo do poder e da beleza régios. Você controla o mundo, cheio de confiança e autoridade. Os seus súditos se apóiam na sua firmeza e na sua força. Você é a expressão suprema da autoconfiança. Sinta como é ter a consciência dessa poderosa deusa. Sinta as sensações de se mover no corpo dela. Sinta como é ter os gestos, a fala e as expressões faciais dela. Olhe para o mundo através dos olhos dela. Ouça o mundo com os ouvidos dela.

Despeça-se agora dessa deusa e volte à sua forma de luz virtual. Uma vez mais você está na esfera de pura potencialidade, vibrando com possibilidades. Dirija-se às profundezas do seu ser de luz e surja como o velho rei sábio, que navega competente pelas tempestades da vida. Você é o sábio de barba, o grande *rishi* que vê as formas e os fenômenos do mundo como uma dança cósmica. Você está neste mundo, mas não pertence a ele, e cada um dos seus pensamentos, palavras e ações expressam uma absoluta impecabilidade. Sinta como é ter a consciência de um sábio. A sua mente é a mente de um vidente. Sinta como é ter os pensamentos, a fala e os gestos dele. Veja o mundo através dos olhos dele.

Abandone agora o vidente e confunda-se novamente com a sua essência de um ser de luz virtual. Penetre nas suas profundezas e apareça como o redentor. Você é a luz da compaixão, radiante com o perdão e a esperança. A sua presença dissipa a escuridão, por mais agourenta que ela possa parecer. Você é a essência dos avatares, a essência de Cristo, de Buda. A sua natureza transforma em fé a experiência. Observe os pensamentos que surgem da mente do redentor. Sinta as emoções no coração dele. Experimente o mundo através dos olhos do redentor, transbordando de compaixão e amor por todos os seres sencientes.

Libere agora o redentor e retorne à sua essência primordial. Você é um ser de luz virtual, um poço natural de energia universal. É o pleno potencial de tudo que existiu, existe e existirá. Penetre as profundezas dessa natureza de luz e mostre-se como a mãe divina. Você é a força essencial amorosa e protetora, animada com uma energia vivificante. Você é Deméter, Shakti, a face feminina de Deus. Você é a mãe divina, que confere sua bondade amorosa a todos os seres sencientes. Você é a força criativa primordial, que dá à luz as formas e os fenômenos. Experimente a consciência da mãe divina. Sinta os sentimentos da mãe divina. Veja a criação através dos olhos dela. Ouça a criação com os ouvidos dela. Inale e exale o alento da mãe divina.

Agora libere a mãe divina. Retome a sua natureza essencial de pura luz, a energia virtual primordial, animada com possibilidades para manifestar qualquer coisa que você escolha se tornar. Mergulhe nas profundezas do seu ser e apareça como Dionísio, o deus da sensualidade, do êxtase e da intoxicação, o deus dos excessos e da impetuosidade. Você é a personificação da total entrega ao momento. A sua natureza é não refrear nada, é mergulhar na experiência de estar vivo. Você está embriagado de amor. Experimente o mundo com a consciência de Dionísio. Sinta-se inebriado. Perceba o mundo através dos olhos de Dionísio. Ouça a música do universo como uma celebração do seu ser. Entregue-se ao êxtase dos sentidos e do espírito.

Nesse momento libere Dionísio e volte a se incorporar no seu estado de energia primordial de pura luz virtual. Encontre o impulso de sabedoria e inteligência dentro do seu potencial infinito e surja como a deusa da sabedoria, Saraswati ou Atena. Você é a protetora da civilização com a sua dedicação ao conhecimento, à sabedoria, às artes e ao conhecimento científico. Você é uma verdadeira guerreira espiritual, dedicada a destruir qualquer ignorância que impeça a expressão da verdade. Vivencie a consciência de uma deusa da sabedoria. Olhe para o mundo através dos olhos dela, ouça a conversa prevalecente com os ouvidos dela. Você é refinamento, elegância, delicadeza e sabedoria no mais alto grau.

Abandone agora a deusa da sabedoria e retorne ao seu estado original de pura luz virtual. Confunda-se de novo com o seu ser ilimitado e não-manifestado que vibra com o potencial. Mergulhe na sua essência de luz essencial e apareça como Afrodite, como Vênus, a deusa do amor e da beleza. Você é a personificação da sensualidade, da paixão e da sexualidade. Na sua presença, os seres sencientes perdem a cabeça e suspiram pelo arroubo de Eros. Expresse e experimente a consciência da deusa do amor. Vivencie o corpo da deusa da sensualidade. Saboreie a sensualidade dela. Veja o mundo através dos olhos da deusa do amor.

Libere então a deusa do amor, retornando à sua essência como luz, como ser puro e não-diversificado, como possibilidades infinitas. Mergulhe profundamente na sua essência e surja como a criança sagrada, a expressão do puro potencial divino. Você é a encarnação da inocência que personifica a expectativa do amor incondicional, tanto como aquele que dá quanto como aquele que recebe. Você nasceu de pais divinos e está madura de destino e potencial cósmico. Observe o mundo fluir através do seu coração de inocência. Experimente sua jovialidade como uma criança de luz que exulta no seu próprio ser.

Libere a criança sagrada. Vivencie-se como um ser de luz virtual. Repouse na sua condição ilimitada. Você é uma pulsação vibrante de energia, capaz de criar tudo que deseja. Mergulhe profundamente na sua essência de luz e mostre-se como o alquimista cósmico. Você é o mago supremo, capaz de transformar o nada em alguma coisa e alguma coisa em nada. Sabe que o mundo dos sentidos é irracional. Experimenta o mundo material como uma expressão da sua energia consciente, a qual você pode transformar em matéria com a sua intenção e atenção. Você pode assumir qualquer forma que deseje, seja ela viva ou inanimada, porque você é a consciência em todos os disfarces dela. Você é Krishna; você é infinitas possibilidades. Vivencie-se como Krishna, o alquimista cósmico, capaz de manifestar qualquer coisa que você possa escolher. Vivencie-se transmutando seus pensamentos em fenômenos. Veja o universo através dos olhos de Krishna. Experimente o cosmo como o seu corpo. Você não está no universo; o universo está em você.

Nos próximos minutos, interaja com a sua energia criativa, manifestando-se da forma que desejar. Você pode escolher ou não um dos arquétipos comuns que acabamos de analisar. Torne-se qualquer ser que tenha vontade de conhecer. Assuma a consciência de um grande artista ou músico. Vivencie o mundo como um poderoso líder político. Transforme-se em uma águia; experimente o mundo como um pássaro que voa alto. Torne-se uma baleia e experimente a consciência de um alegre ser submarino. As maneiras como você pode se expressar são ilimitadas. Desfrute o seu eu virtual, exuberante do conhecimento e da experiência de seu potencial infinito. Nessa forma, você é os inúmeros deuses, deusas, arquétipos e imagens míticas em um único corpo. Nos momentos seguintes, deixe que quaisquer imagens, frases, símbolos ou palavras que possam surgir tomem forma na sua consciência.

Quando sentir que experimentou um vasto leque de possibilidades interessantes, escolha as imagens ou símbolos arquetípicos, ou as palavras ou frases que ressoam dentro de você, que o inspiram e o motivam. Podem ser deuses ou deusas familiares, que você conhece, imagens, animais, símbolos dos elementos, forças do cosmo, palavras, frases ou qualquer outra qualidade que signifique alguma coisa para você, qualquer coisa que faça você se sentir bem à vontade ao experimentá-la na mente. Você deverá ter a sensação de que se essas pessoas ou qualidades pudessem entrar no seu mundo e se expressar por seu intermédio, você seria capaz de realizar coisas magníficas e grandiosas. Sempre recomendo que os homens escolham pelo menos um arquétipo feminino e as mulheres, pelo menos um arquétipo masculino. Todos possuímos dentro de nós qualidades masculinas e femininas, e deixar de dar atenção a um aspecto particular de nós mesmos significa abafar essa fonte de paixão pessoal.

Escreva os seus três símbolos ou arquétipos. A seguir, comece a reunir trabalhos artísticos, fotos, símbolos ou jóias que o lembrem desse arquétipo. Algumas pessoas criam um pequeno altar para eles e o escolhem como o lugar onde concentram a busca do eu. Se as principais qualidades dos seus arquétipos puderem ser expressas em palavras ou frases, anote-as em um pedaço de papel para ter algo que o faça lembrar-se deles. Pelo menos uma vez por dia, de preferência após a meditação, olhe para esses lembretes e faça-lhes, em silêncio, um convite: "Por favor manifestem-se e expressem-se através de mim." Deixe que eles sejam um lembrete da inspiração da sua vida. Quando se sentir perdido ou perturbado no mundo, eles serão a bússola que o conduzirá de volta ao seu verdadeiro eu.

Em vez de seguir a última tendência da moda ou imitar um astro do cinema, modele a si mesmo, seus pensamentos e suas ações pelos seus arquétipos. As pessoas fazem isso todos os dias, sem mesmo se dar conta do que estão fazendo. Você já ouviu a pergunta: "O que Jesus faria?" Os cristãos que se sentem presos em uma encruzilhada na vida, ou que precisam tomar uma decisão sobre como agir, são encorajados a fazer a si mesmos essa pergunta. Trata-se de uma maneira de usar o poderoso arquétipo do redentor na pessoa de Jesus Cristo como um guia para a vida. Use os seus arquétipos pessoais da mesma maneira. Pergunte a si mesmo: "A minha maneira de agir seria coerente com os meus arquétipos?" Essa é uma maneira profunda de perguntar: "Estou sendo sincero comigo mesmo?" Você encontrará a realização através dos seus arquétipos, permitindo que os deuses/deusas/totens/personalidades encenem o drama deles por seu intermédio. Eles são a chave do seu destino verdadeiro e milagroso.

Segunda parte

PREPARANDO O CAMINHO DO DESTINO

7
A MEDITAÇÃO E OS MANTRAS

A ferramenta mais poderosa que temos para aprender a viver o sincrodestino, para ver os padrões conectivos do universo, para fazer milagres a partir dos nossos desejos, é a meditação. Ela possibilita que coloquemos a atenção e a intenção nesses planos mais sutis, conferindo-nos o acesso a todas as informações e energia invisíveis e intocadas.

Se sua médica lhe recomendasse que caminhasse vinte minutos duas vezes por dia e lhe dissesse que essas caminhadas por si só o fariam ter boa saúde, paz de espírito, mais sucesso na vida pessoal e profissional, além de deixá-lo livre das preocupações, você seguiria as instruções dela? Quase todo mundo pelo menos faria uma tentativa. A recomendação do sincrodestino é meditar quinze ou vinte minutos duas vezes por dia, seguidos por um momento no qual você faz um convite aos seus arquétipos (como foi descrito no capítulo anterior). Se fizer o que estou sugerindo duas vezes por dia, começará a presenciar uma transformação na sua vida. Fora isso, comporte-se como sempre fez antes. Medite pela manhã, leve o seu dia como de costume e medite novamente à noite. Essa simples providência fará com que você comece a transformar sua vida e criar os milagres que deseja.

Tudo o que você leu até agora neste livro foi a preparação para a prática efetiva da meditação que o conduzirá à iluminação e o fará viver o sincrodestino. Esses conhecimentos não são necessários, são apenas prazerosos. Se todo mundo precisasse entender a física quântica para se tornar iluminado, somente os físicos quânticos atingiriam a iluminação. Na verdade, os grandes pioneiros da física quântica também promoveram a causa do espírito ao questionar o significado mais profundo da vida. Entre esses extraordinários cientistas estão Wolfgang Pauli que, junto com Carl Jung, mencionou pela primeira vez o sincronismo. Erwin Schrödinger, Paul Dirac, Werner Heisenberg, Max Planck, David Bohm e John Wheeler são outros que achavam que a física quântica nunca poderia ser compreendida se não considerássemos a consciência um componente básico da realidade fundamental. Mas você não precisa entender de religião, filosofia ou ciência para ter acesso ao espírito. Tudo o que precisa fazer é prestar atenção às instruções que se seguem.

A meditação é um processo simples porém difícil de descrever, mas que se torna muito fácil quando você começa a praticá-la regularmente. Apresentarei aqui os fundamentos da meditação para que você possa aplicar com sucesso os princípios do sincrodestino descritos no restante do livro.

COMO MEDITAR

A nossa mente está constantemente ativa, sempre saltando de pensamento para pensamento, de emoção para emoção. Entrar em contato com a inteligência não-local, a alma universal que jaz dentro de nós e é parte de todos nós, exige que encontremos um caminho além da névoa dos pensamentos perturbadores que de forma característica a esconde de nós. Não podemos forçar o caminho através dessa barreira, assim como não podemos fazê-lo através de uma cerração de verdade. Se quiser enxergar o outro lado da rua em um dia nebuloso, nada que você possa fazer fisicamente irá ajudar. Você precisa esperar, com calma e paciência, até que o nevoeiro fique menos denso e se dissipe sozinho. De vez em quando surgirá um trecho claro e você conseguirá vislumbrar o que está à frente. O mesmo é verdadeiro com relação aos nossos pensamentos. Se ficarmos quietos, encontraremos momentos de puro silêncio, que eu chamo de "intervalos" de pensamento, e, através deles, podemos vislumbrar o nível mais profundo da alma. Cada vislumbre aumenta nosso discernimento e, finalmente, nossa consciência se expande.

O objetivo da meditação é interromper o pensamento durante algum tempo, esperar que a névoa de pensamentos se torne menos densa e vislumbrar o espírito interior. Para a maioria das pessoas, é difícil controlar o fluxo de pensamentos. Os iniciantes podem às vezes ficar muito frustrados, mas a frustração é apenas outro pensamento, outra emoção que atrapalha. A meta é abandonar de um modo tranqüilo e passivo todos os pensamentos.

Uma maneira comum de começar a meditação é concentrar-se delicadamente em alguma coisa para que os pensamentos errados tenham mais dificuldade em penetrar a mente. Gosto de iniciar com a meditação da respiração.

Para começar a meditar, sente-se em uma cadeira confortável com os pés plantados no chão. Ponha as mãos no colo com a palma voltada para cima. Feche os olhos e comece a prestar atenção à respiração. Observe o ar entrar e sair sem tentar controlá-lo. Poderá notar que a sua respiração se torna espontaneamente mais rápida ou mais lenta, mais profunda ou superficial, podendo até se interromper por alguns instantes. Observe as mudanças sem resistência ou expectativas. Sempre que a sua atenção se desviar da respiração e se fixar em um som no ambiente, uma sensação no corpo ou um pensamento, leve-a de volta, delicadamente, para a respiração.

Essa é a base da meditação. Tão logo a pessoa se sentir à vontade com o fato de ficar sentada tranqüilamente concentrando-se na respiração, recomendo a inclusão de um mantra, para criar um ambiente mental que possibilite a expansão da consciência.

MANTRAS

A palavra *mantra* encerra dois componentes: *man,* que é o som fundamental da palavra *mente,* e *tra*, que é o som fundamental da palavra *instrumento.* Assim sendo, a palavra *mantra* literalmente significa um instrumento da mente. A antiga tradição de sabedoria do Vedanta examinava os diversos sons produzidos na natureza, as vibrações fundamentais do mundo que nos cerca. Segundo o Vedanta, esses sons são uma expressão da mente infinita ou cósmica e fornecem a base para toda a linguagem humana. Por exemplo, se você pronunciar todas as letras do alfabeto, vogais e consoantes, perceberá que se trata dos mesmos sons que os bebês emitem espontaneamente. Eles também contêm as mesmas vibrações que os animais emitem. Além disso, se ouvir com atenção, notará que esses sons estão em toda parte na natureza. São os sons do vento, do crepitar do fogo, do trovão, do rio que corre impetuoso, das ondas do oceano que quebram na praia. A natureza é vibração. O ser infinito vibra, e essa vibração é rítmica, musical e primordial. O potencial infinito se expressa como o universo manifesto por meio da vibração.

Sabemos que o universo manifestado, que parece ser formado por objetos sólidos, é na verdade composto por vibrações, com os diferentes objetos vibrando em freqüências distintas. É claro que se eu chutar uma grande pedra, não sentirei vibração e sim dor. No entanto, o fato é que tanto o pé que sente a dor quanto o cérebro que a registra também são vibrações. A vibração interage com a vibração e interpretamos essa interação como matéria e sensação. *Mantra* é apenas uma palavra que descreve essa qualidade do universo.

Diz-se que os videntes da antiguidade ouviam essas vibrações do universo quando meditavam profundamente. Todos podemos escutar, em qualquer momento, essas mesmas vibrações. É muito simples. Se acalmar sua mente e se sentar em silêncio, ouvirá vibrações. Você pode fazer a experiência a qualquer momento que desejar. Mesmo que cubra o ouvido, você as escutará. Seu corpo também vibra constantemente, mas os sons são tão sutis que normalmente você não os ouve. No entanto, se você se sentar calmamente em um lugar silencioso, escutará no ar um zumbido ao fundo. E se começar a prestar atenção a esse zumbido, com a prática acabará escutando todos os mantras que foram registrados na literatura védica.

Os Vedas também afirmam que se recitarmos um mantra em voz alta, o padrão especial de vibrações dele gera os próprios efeitos, podendo criar eventos no mundo físico em que vivemos. Recitar mentalmente o mantra cria uma vibração mental, que depois se torna mais abstrata. Finalmente, ele nos conduz ao campo da consciência pura ou espírito de onde surgiu a vibração. Desse modo, usar um mantra é uma ótima maneira de transcender e retornar à origem do pensamento, que é a consciência pura. É por esse motivo que mantras específicos são recomendados, ou seja, devido às vibrações específicas que eles induzem.

O mantra que uso, e que recomendo para a obtenção do sincrodestino, é o mantra simples "so-hum". Ele é o mantra da respiração; se você observar sua respiração, ouvirá "so-hum" quando o ar entrar e sair do pulmão. Durante a inspiração, o som da vibração é "so" e, na expiração, ele se torna "hum". Se quiser, também pode fazer a seguinte experiência: inspire profundamente, feche os olhos e a boca, e solte o ar com força pelo nariz. Se você se concentrar, conseguirá ouvir claramente o som "hum".

Na verdade, uma das técnicas de meditação envolve simplesmente concentrar-se no local de onde vem a respiração. De olhos fechados, inspire e pense na palavra "so"; ao soltar o ar, pense na palavra "hum". Gradualmente, tanto a respiração quanto o som ficarão cada vez mais serenos, e a respiração se tornará tão tranqüila que parecerá quase cessar. Ao acalmar a respiração, você aquieta a mente. Quando você transcende, o mantra "so-hum" desaparece totalmente e a respiração faz uma pausa momentânea. O próprio tempo pára e você se vê no campo da consciência pura, a esfera não-local, o espírito, a base do ser.

O mantra, portanto, é uma maneira de experimentar a consciência não-local. Os aborígenes, os indianos, os índios e muitas outras culturas tradicionais já o usam há milhares de anos. Em todas as tradições, os mantras são entoados para criar vibrações especiais, sons do universo que criam algo a partir do nada, que traz a energia do não-manifestado para o manifesto.

O SUTRA

O sutra é um mantra que encerra significado. O mantra em si não possui significado; é apenas uma vibração, um som. Ele se torna um sutra quando existe uma intenção codificada no som. A palavra *sutra* é um vocábulo sanscrítico, relacionado com o nome latino *sutura,* que é a base da palavra *suturar,* que significa "juntar com costura". Desse modo, o *sutra* é na verdade um ponto de costura na alma, ponto esse que é de intenção. Tanto os mantras quanto os sutras nos permitem transcender e alcançar uma consciência mais profunda. Desse modo, você poderia, por exemplo, usar o mantra "so-hum", para transcender e, a seguir, poderia usar uma palavra, um sutra, para incrustar uma intenção particular na consciência.

As mensagens contidas em um sutra são ao mesmo tempo simples e complexas. Se eu pronunciar o sutra *"aham brahmasmi"* ("a essência do meu ser é a realidade suprema, a origem e a base do universo, a causa de tudo o que existe"), poderia ser preciso um dia inteiro, ou meio livro, para explicar e compreender essa frase. No entanto, o sutra contém o conhecimento completo desse complexo pensamento. Desse modo, esse sutra, essas duas palavras, resume todo o conhecimento. Ao voltar simplesmente a atenção para esse sutra, você experimentará e compreenderá toda a explicação nele contida.

Existem mantras e sutras que foram usados com sucesso durante milhares de anos e você os encontrará nos capítulos seguintes. Eles fornecem um caminho para o sincrodestino. Embora as palavras sanscríticas que personificam esses sutras possam lhe parecer exóticas, esse fato não diminui a eficácia delas. Você nem mesmo precisa compreender o significado dos sutras para que eles funcionem. Lembre-se de que se trata de sons da natureza aos quais é atribuído um significado. A alma entenderá o significado deles mesmo que você não o compreenda.

Por que usamos essas antigas palavras como mantras e sutras em vez de uma linguagem mais moderna? A resposta está relacionada com a eficácia. Usar novos mantras e sutras só torna mais difícil o processo de experimentar o sincronismo. Pense que existem muitas maneiras de eu ir de casa para o escritório. Posso pegar a estrada principal. Posso seguir um mapa rodoviário ou um mapa físico. Posso usar um helicóptero, posso ir até o litoral e pegar um navio. Mas se eu percorrer um caminho bastante trilhado, com o qual eu esteja familiarizado e que já tenha usado muitas vezes, a jornada será mais fácil. Analogamente, os mantras e os sutras que têm sido usados há milhares de anos por milhões de pessoas no decorrer das gerações oferecem o caminho mais fácil para a transcendência e para a esfera não-local.

Mas o fato de usarmos algo que já foi utilizado antes, muitas vezes, com um propósito particular, encerra um valor adicional. Sempre que um mantra ou sutra é usado, ele ajuda a aumentar a probabilidade de que um resultado semelhante resulte de uma utilização posterior do mesmo mantra ou sutra. Se você recordar a discussão sobre a onda-partícula do Capítulo 1, lembrará que cada vez que uma onda-partícula sucumbe em um padrão de onda específico, ela aumenta a probabilidade de voltar a sucumbir no futuro como esse mesmo padrão de onda. Os sutras são na verdade intenções que aumentam a probabilidade estatística do colapso de uma função de onda ao longo de amplitudes de probabilidade previsíveis. Isso significa que quanto mais um sutra for usado, maior a probabilidade de que a intenção escolhida dele seja concretizada. Por conseguinte, é melhor usar um sutra antigo e bastante utilizado do que um novo. Procure não se deixar intimidar pelo uso do sânscrito e acolha as antigas palavras como aliadas na sua busca da transcendência que conduz ao sincrodestino.

Os próximos capítulos descrevem os sete Princípios do Sincrodestino e fornecem exercícios destinados a fazer com que você os entenda melhor. Esses sete princípios são maneiras de pensar a respeito das qualidades da inteligência não-local e relacioná-las com a sua vida. Cada princípio oferece uma nova lição, um novo modo de relacionar-se que o leva para mais perto do espírito, com as infinitas possibilidades dele.

Apresento a seguir o programa que lhe possibilitará alcançar o sincrodestino, uma maneira específica de usar todos os elementos que discuti até aqui:

1. *Comece cada dia indo para um lugar tranqüilo onde você não seja perturbado. Reúna símbolos dos seus arquétipos e coloque-os diante de você.*

2. *Medite durante vinte minutos usando o mantra so-hum. Essa meditação expande a consciência e o coloca em uma disposição de ânimo receptiva.*

3. *Logo depois de concluir a meditação, ao abrir os olhos, contemple os símbolos dos seus arquétipos e invoque ou convide as energias arquetípicas a se expressarem através de você. Diga: "Peço que vocês se tornem parte de mim e atuem através de mim. Orientem-me na minha vida."*

4. *Leia o princípio do sincrodestino para esse dia. Existem sete Princípios de Sincrodestino e sete dias na semana. No dia que começar, leia o primeiro princípio. Você não precisa compreender cada conceito contido nele. Apenas leia-o. No segundo dia, vá para o segundo princípio. No terceiro, avance para o terceiro e assim por diante. Recomendo que não salte os princípios, pois eles estão dispostos em ordem, desenvolvendo-se um a partir do outro. No oitavo dia, volte ao primeiro princípio e recomece a série.*

Cada princípio possui um sutra que condensa os ensinamentos do princípio. Procure assimilar totalmente o significado do sutra. Execute os exercícios associados ao sutra até que se tornem parte da sua realidade. Após muitas semanas, você será capaz de ler apenas o sutra e obter o benefício de todo o capítulo. O ideal é que continue a praticar diariamente o programa para que cada semana, cada mês, o leve para mais perto da realização do destino de sua vida.

Esses primeiros quatro passos não devem durar mais do que vinte ou trinta minutos. Repita à noite o procedimento.

No restante do dia, você não precisa fazer nada especial. Leve a vida da maneira como normalmente o faria. A meditação matutina concentra sua intenção durante o dia, mesmo quando você não está pensando nela. Ao ler o princípio, você cria essa intenção e, a seguir, permite que a inteligência não-local sincronize os milhões de eventos individuais que precisam ocorrer para que a intenção se realize. Isso é tudo que você precisa fazer.

Embora a intenção atue sozinha por meio do sincronismo organizado pela inteligência não-local, o ego pode bloquear esse sincronismo. Como saber se o ego está atrapalhando seus sonhos? Existem muitas pistas, mas a mais importante é a ansiedade. Sempre que o seu eu ou o seu espírito está ofuscado pelo ego, você fica ansioso. O seu eu essencial, verdadeiro, não sente nem estresse nem ansiedade. A pessoa equilibrada não sente nada disso. Esses sentimentos são um sinal de que a sua conexão íntima com a entidade não-local está bloqueada. No caso de muitas pessoas, isso acontece com excessiva freqüência. Transpomos esse obstáculo e recuperamos o equilíbrio que perdemos por nos sentir estressados, ou ansiosos, por meio de um processo que chamo de heliotropismo.

O heliotropismo é o mecanismo natural nas plantas que lhes permite crescer sempre na direção da luz. Por extensão, acredito que os nossos pensamentos, as nossas intenções, são o equivalente dessa luz, e o mundo em si se desenvolve em uma determinada direção para satisfazer essas intenções. Use as Afirmações do Sutra no fim de cada um dos sete capítulos seguintes sempre que se sentir estressado, ansioso ou se desequilibrar durante o dia. Volte-se diariamente para a Afirmação do Sutra do dia. (Talvez seja interessante você tirar uma cópia dessas afirmações e levá-las com você para poder usá-las quando precisar restabelecer o seu senso do eu.) Leia a primeira afirmação em silêncio e deixe que uma imagem surja na sua consciência. Assim que registrá-la, profira o sutra do dia (incluído nos exercícios). Faça o mesmo com cada uma das afirmações do dia. Assim que terminar todas as afirmações, o que levará apenas cerca de um minuto, você deverá se sentir novamente equilibrado.

No fim de cada capítulo, você encontrará um ou mais exercícios que se destinam a ilustrar os princípios e conduzi-lo a um entendimento mais profundo dos sutras. Eles não são parte da meditação diária e sim um suplemento. Experimente-os sempre que sentir que gostaria de dar aquele passo adicional para compreender os Princípios do Sincrodestino.

Finalmente, isso é de fato tudo que você precisa para chegar ao local onde tem lugar o sincrodestino – os sete princípios, os sete sutras, os seus arquétipos, a habilidade de meditar usando o mantra "so-hum" e as Afirmações do Sutra que podem ser lidas quando você sentir que está começando a se desestabilizar. Essas são as ferramentas que você tem nas mãos e que fazem os milagres acontecerem.

8

O PRIMEIRO PRINCÍPIO: VOCÊ É UMA PEQUENA ONDULAÇÃO NA ESTRUTURA DO COSMO

SUTRA: Aham Brahmasmi

A essência do meu ser é a realidade suprema, a origem e a base do universo, a causa de tudo o que existe.

O primeiro princípio do sincrodestino reconhece a inteligência fundamental que dá origem ao meu corpo, ao seu corpo e ao universo como um todo – a tudo, das estrelas e galáxias às partículas subatômicas. O campo de inteligência consciente é o manancial do cosmo. É o corpo prolongado que compartilhamos e que une todos nós. A essência do meu ser também é a essência do seu, bem como a de todos os seres.

Você, eu e o universo somos o mesmo. Eu sou o universo, localizado em um único ser humano. Você também é o universo, localizado no seu corpo, que lê estas palavras neste momento particular do espaço-tempo. Ambos existimos apenas como ondulações particulares no campo de inteligência consciente. Cada aspecto de nós mesmos é articulado e organizado por essa inteligência não-local ilimitada, o mar infinito de consciência do qual surgimos eu, você e o universo. Até mesmo os nossos pensamentos, desejos e sonhos não são tecnicamente *nossos* pensamentos, desejos e sonhos. São manifestações do universo total. E quando compreendemos que as intenções e os desejos que surgem em nós são as intenções do universo, podemos abandonar o desejo de controlar as coisas e deixar que a vida maravilhosa que nascemos para viver desabroche na sua inimaginável magnificência.

Quando você compreender essa premissa, entenderá o sutra do primeiro princípio do sincrodestino. A essência do meu ser é a realidade suprema, a origem e a base do universo, a causa de tudo o que existe. Por mais simples que possa parecer essa afirmação, sua profundidade pode levar uma vida inteira para ser percebida e seu significado para a nossa vida é muito intenso. Quando compreendemos plenamente este sutra simples, tudo se torna possível, porque tudo já existe dentro de nós. Você e eu somos o mesmo, e cada um de nós é o ser infinito que projeta um ponto de vista particular – o seu ponto de vista e o meu. O meu eu é inseparável de tudo o que existe, assim como o seu eu é inseparável de tudo o que existe.

O poder embutido nesse pensamento emerge quando percebemos que o eu funciona sincronicamente. Como sou uma extensão da inteligência consciente, e esta última é a causa de toda a realidade, então sou a causa de toda a realidade. Eu crio minha própria experiência.

A intenção procede dos nossos desejos mais profundos e esses desejos são moldados pelo carma. Você e eu não temos o mesmo carma, de modo que não temos exatamente os mesmos desejos. Amamos pessoas diferentes, ajoelhamo-nos em túmulos distintos, rezamos em altares diversos. Os detalhes do desejo são exclusivos para cada um de nós.

No entanto, se seguirmos a cadeia do desejo, no fim somos todos iguais. Queremos ser felizes. Queremos nos sentir realizados. Desejamos significado e propósito na nossa vida. Ansiamos por um sentimento de conexão com Deus ou o espírito. Queremos que as outras pessoas nos respeitem e amem. E queremos nos sentir seguros. Esses desejos são universais. Mas o trajeto que cada um de nós percorre para satisfazê-los é exclusivamente nosso, baseado nas nossas experiências e memórias individuais, ou carma. Todos nos dirigimos ao mesmo destino, mas seguimos estradas diferentes. Chegamos juntos, depois de percorrer trajetos distintos.

Primeiro Exercício: O ESPECTADOR SILENCIOSO

Vá para um lugar tranqüilo onde provavelmente não seja perturbado. Toque uma fita ou um CD com a sua música suave predileta. Feche os olhos. Ao fazer isso, volte a atenção para quem está realmente escutando. Comece a perceber duas facetas diferentes de si mesmo. Seus ouvidos captam o som e o cérebro processa as notas, mas isso é apenas a mecânica da audição. Quem liga as notas para que elas formem a música? Como você está pensando em ouvir, quem está efetivamente escutando?

Observe o espectador silencioso, o ouvinte calado que está sempre presente. Essa presença existe não apenas em você como também no espaço à sua volta. Trata-se da sua parte que está além dos pensamentos e sentimentos do momento, a parte que jamais se cansa e nunca dorme. Tampouco pode essa parte sua ser destruída. Reconheça que esse espectador silencioso está sempre presente. Ele é a parte de você que pode ser vislumbrada quando o tagarelar dos seus pensamentos é silenciado pela meditação. Você consegue sentir dentro de si essa corrente mais profunda de consciência?

Conscientizar-se desse espectador silencioso significa começar a perceber o campo de inteligência consciente, a causa de todo o sincronismo da nossa vida.

Segundo Exercício:
POR QUE VOCÊ ESTÁ AQUI?

Para fazer este exercício, você vai precisar de lápis e papel, além de ter a certeza de que não vai ser interrompido durante dez minutos.

Pergunte a si mesmo: Por que estou aqui? Escreva a primeira coisa que lhe vier à cabeça. Essa pergunta está aberta a muitas interpretações, de modo que procure anotar os pensamentos que ela desperta. Não se preocupe com a escrita em si. Você nem mesmo precisa concluir as frases.

Faça então novamente a mesma pergunta. Por que estou aqui? Escreva uma nova resposta. Faça isso vinte vezes. Continue procurando maneiras distintas de interpretar a pergunta para que cada resposta seja única e diga respeito a uma diferente faceta da questão.

Examine agora suas respostas. O que elas lhe dizem? Você percebe algum padrão ou progressão nas respostas? O que isso lhe diz a respeito da maneira como você enxerga a sua vida?

Você pode ver a sua vida como uma série de eventos externos e internos, mas também pode aprender a percebê-los como estando interligados e conectados a algo mais espiritual. Se fizer isso, começará a visualizar a vida como uma oportunidade de compartilhar a dádiva especial que somente você pode outorgar ao mundo. Essa é uma resposta à pergunta de por que você está aqui. Possuir esse tipo de clareza de propósito o ajudará a apurar suas intenções.

Afirmações do Sutra para o Primeiro Princípio

Imagine que todo o universo está sendo representado dentro de você.

(Quando você tiver na mente uma imagem, diga: "aham brahmasmi".)

Imagine que você está conectado a tudo que existe.
(aham brahmasmi)

Imagine que você é como uma conta de cristal.
Você reflete a luz de todos os outros seres sencientes.
Você também reflete a luz de todo o universo.
(aham brahmasmi)

Imagine que você é um fio da linha cósmica conectado a todos os outros fios.
(aham brahmasmi)

Imagine que você é eterno.
(aham brahmasmi)

9

O SEGUNDO PRINCÍPIO: ATRAVÉS DO ESPELHO DE RELACIONAMENTOS, DESCUBRO O MEU EU NÃO-LOCAL

SUTRA: Tat Tvam Asi

Vejo o outro em mim e eu nos outros.

Compreender como funcionam os relacionamentos humanos é uma das chaves mais importantes do sincrodestino. No Ocidente, temos a tendência de procurar na psicologia popular estratégias para administrar nossos pensamentos e sentimentos. Com excessiva freqüência os livros de auto-ajuda sugerem que manipulemos nossos relacionamentos para que possam tornar-se mais satisfatórios. No entanto, criar relacionamentos humanos positivos é muito mais do que uma tática: significa fornecer o ambiente humano no qual o sincrodestino pode ter lugar. Isso é absolutamente fundamental, da mesma maneira como a gravidade ou o ar que respiramos também são essenciais.

O mantra para este princípio significa "eu sou aquilo". Este princípio se desenvolve a partir do primeiro, no qual aprendemos que somos todos extensões do campo de energia universal, uma única entidade com diferentes pontos de vista. *Eu sou aquilo* envolve olhar para tudo no mundo, para todos no mundo, e compreender que você está vendo outra versão de si mesmo. Você e eu somos o mesmo. Tudo é o mesmo. Eu sou aquilo, você é aquilo, tudo isto é aquilo. Somos espelhos para os outros e precisamos aprender a nos ver no reflexo das outras pessoas. Isso se chama o espelho do relacionamento. Através dele descubro o meu eu não-local. Por esse motivo, alimentar os relacionamentos é a atividade mais importante na minha vida. Quando olho ao meu redor, tudo que vejo é uma expressão de mim mesmo.

Por conseguinte, o relacionamento é uma ferramenta para a evolução espiritual, com a meta suprema de atingir a consciência unitária. Somos todos inevitavelmente parte da mesma consciência universal, mas os grandes avanços acontecem quando começamos a reconhecer essa conexão na vida do dia-a-dia.

O relacionamento é uma das formas mais eficazes de entrar em contato com a consciência unitária, porque sempre estamos nos relacionando. Pense na rede de relacionamentos que você tem a qualquer momento: pais, filhos, amigos, colegas de trabalho, parceiros românticos. Todas são, no fundo, experiências espirituais. Quando você está apaixonado, por exemplo, romântica e profundamente apaixonado, tem uma sensação de eternidade. Você está, nesse momento, em paz com a incerteza. Você se sente ao mesmo tempo maravilhoso e vulnerável, íntimo e exposto. Você está se modificando, se transformando, porém sem se perturbar; tem uma sensação de assombro e admiração. Trata-se de uma experiência espiritual.

Por meio do espelho do relacionamento – de todos os relacionamentos – descobrimos estados expandidos de consciência. Tanto aqueles que amamos quanto aqueles por quem sentimos aversão são espelhos de nós mesmos. Por quem nos sentimos atraídos? Por pessoas que possuem as mesmas características que temos, porém mais acentuadas. Desejamos a companhia delas porque, subconscientemente, sentimos que por meio desse contato talvez possamos expressar também, com mais intensidade, essas características. Pelo mesmo motivo, sentimos repulsa pelas pessoas que refletem características que negamos possuir. Assim sendo, se você tiver uma forte reação negativa diante de uma pessoa, pode ter certeza de que ela possui alguns atributos em comum com você, atributos estes que você não está disposto a aceitar, porque se estivesse eles não o perturbariam.

Ao reconhecer que podemos nos ver nos outros, cada relacionamento torna-se uma ferramenta para a evolução da nossa consciência e, à medida que ela evolui, vivenciamos estados expandidos de consciência. É nesses estados, quando chegamos à esfera não-local, que podemos experimentar o sincrodestino.

Na próxima vez em que se sentir atraído por alguém, pergunte a si mesmo o que o atraiu. Foi a beleza, a graciosidade, a elegância, a influência, o poder ou a inteligência? Seja qual for a qualidade, esteja certo de que ela também está florescendo em você. Preste atenção a esses sentimentos e poderá iniciar o processo de se tornar mais plenamente você mesmo.

É claro que o mesmo é verdade no que tange às pessoas por quem você sente repulsa. Para se tornar mais plenamente você mesmo, precisa compreender e aceitar suas qualidades menos atraentes. A qualidade essencial do universo é a coexistência de valores opostos. Você só pode ser bravo se tiver dentro de si um covarde. Só pode ser generoso se tiver dentro de si um avarento. Só pode ser virtuoso se tiver dentro de si a capacidade de fazer o mal.

Passamos grande parte da vida negando possuir esse lado escuro e acabamos projetando essas qualidades sombrias em outras pessoas na nossa vida. Você já conheceu aqueles que atraem naturalmente as pessoas "erradas" para a vida deles? Em geral não entendem por que isso acontece repetidamente, ano após ano. A verdade não é que eles atraiam essa negatividade, mas sim que não estão dispostos a reconhecê-la na própria vida. Encontrar uma pessoa de quem não goste é uma oportunidade para que você abrace o paradoxo da coexistência dos opostos e descubra uma nova faceta de si mesmo. É outro passo em direção ao desenvolvimento do seu eu espiritual. As pessoas mais iluminadas no mundo aceitam seu pleno potencial de luz e trevas. Quando estamos ao lado de pessoas que reconhecem e admitem suas qualidades negativas, nunca nos sentimos julgados por elas. O julgamento só tem lugar quando as pessoas enxergam o bem e o mal, o certo e o errado.

Quando estamos dispostos a aceitar tanto o nosso lado claro quanto o sombrio, podemos começar a curar a nós mesmos e os nossos relacionamentos. Comece de uma maneira bem simples, com a pessoa mais repugnante que lhe venha à cabeça. Pense, por exemplo, em Adolf Hitler e diga: como eu poderia ser como Hitler? A maioria das pessoas se recusa a aceitar a idéia de que possam conter a mais ínfima parcela de um Adolf Hitler. Mas pense mais profundamente. Você alguma vez foi preconceituoso com um grupo de pessoas apenas porque elas tinham certo nome, uma determinada cor de pele, sotaque ou deficiência? Se conseguir pensar em um exemplo semelhante na sua vida, precisa admitir que existe uma semelhança entre você e Adolf Hitler. Somos todos multidimensionais, onidimensionais. Tudo que existe em algum lugar do mundo existe também em nós. Quando aceitamos esses diferentes aspectos de nós mesmos, reconhecemos nossa conexão com a consciência universal e expandimos nossa percepção pessoal.

Uma maravilhosa história sufista ilustra muito bem como esse espelho afeta a nossa vida. Certo homem entrou em um vilarejo e procurou o mestre sufista, o ancião sábio do local. O visitante disse: "Estou resolvendo se devo ou não me mudar para cá. Tenho a curiosidade de saber como é a vizinhança. O senhor pode me falar a respeito das pessoas que moram aqui?" O mestre respondeu pedindo ao homem: "Descreva-me o tipo de pessoas que moravam no lugar de onde você vem." O visitante disse: "Oh, eram assaltantes, trapaceiros e mentirosos." O velho mestre sufista então declarou: "Imagine só. As pessoas que moram aqui são exatamente iguais a essas." O visitante deixou o lugarejo e nunca mais voltou. Meia hora depois, outro homem chegou à aldeia. Ele procurou o mestre sufista e disse o seguinte: "Estou pensando em me mudar para cá. O senhor pode me descrever como são as pessoas que moram aqui?" Uma vez mais o mestre sufista pediu: "Diga-me que tipo de pessoas moravam no seu lugar de origem."

O visitante respondeu: "Oh, eram extremamente bondosas, delicadas, compassivas e amorosas. Vou sentir uma enorme saudade delas." O mestre sufista declarou então: "As pessoas que moram aqui são exatamente assim."

Essa história nos faz lembrar de que as características que vemos com mais clareza nos outros são as que existem mais fortemente em nós mesmos. Quando conseguimos enxergar o que existe no espelho do relacionamento, podemos começar a nos ver integralmente. Para fazer isso, precisamos nos sentir à vontade com a nossa ambigüidade, aceitar todos os nossos aspectos. Em um nível profundo, precisamos reconhecer que não somos defeituosos simplesmente porque possuímos atributos negativos. Ninguém possui apenas qualidades positivas. Admitir que temos características negativas significa simplesmente que somos completos. E nessa totalidade alcançamos um acesso maior ao nosso eu universal, não-local.

Terceiro Exercício: ABRAÇANDO A DUALIDADE

Para este exercício, você vai precisar de papel e lápis.

Pense em uma pessoa específica que você considere muito atraente. No lado esquerdo do papel, liste dez ou mais qualidades desejáveis que ela possui. Relacione qualquer coisa que lhe venha à mente. Escreva rápido. O segredo é não permitir que a mente consciente critique seus pensamentos. Por que gosta dessa pessoa? Por que você a acha atraente? O que mais admira nela? Essa pessoa é bondosa, amorosa, flexível, independente? Você admira o fato de ela ter um carro bonito, usar um penteado charmoso ou morar em uma casa agradável? Somente você verá a lista, de modo que deve procurar ser o mais sincero possível. Se tiver dificuldade em relacionar dez características, diga então em voz alta: "Gosto dessa pessoa porque ————," e preencha o espaço em branco. Você pode escrever quantas qualidades quiser, mas não pare antes de chegar a dez.

Mude agora de perspectiva e pense em alguém que você considera repulsivo, uma pessoa que o irrita, incomoda, exaspera ou o deixa pouco à vontade de alguma maneira. Comece a definir as qualidades específicas que você considera desagradáveis. Do lado direito do papel, relacione dez ou mais dessas qualidades indesejáveis. Por que não gosta da pessoa? Por que essa pessoa o incomoda ou deixa furioso? Escreva o maior número de qualidades que desejar, mas não pare antes de chegar a dez.

Depois de concluir as duas listas, pense de novo na pessoa que você acha atraente e identifique pelo menos três características desagradáveis nela. Não lute contra essa idéia, porque ninguém é perfeito. (Quanto mais você conseguir aceitá-la nos outros, mais prontamente será capaz de aceitá-la em você.) Pense então na pessoa que você considera desagradável e identifique três atributos dela que sejam relativamente atraentes.

Você deve ter agora pelo menos vinte e seis qualidades relacionadas na página. Releia cada uma delas e faça um círculo em volta de cada atributo que você possua. Por exemplo, se escreveu *compassiva* a respeito da pessoa atraente, pergunte a si mesmo se você nutre às vezes esse sentimento. Se for esse o caso, faça um círculo em volta da palavra. Se não for, não faça nada. Não pense demais sobre o assunto; responda com as suas primeiras impressões. Percorra todas as palavras de ambas as listas e faça um círculo em volta de cada uma que descreve uma qualidade que você consiga identificar na sua natureza.

Examine uma vez mais a lista. Examine cada palavra que deixou de envolver com um círculo e identifique aquelas que absolutamente não se aplicam a você, palavras que definitivamente não o descrevem. Faça uma marca perto delas.

Finalmente, volte à lista e olhe para as palavras que você *envolveu com um círculo* e identifique as três que o descrevem mais intensamente. Vire o papel e escreva essas três palavras. A seguir, volte, examine as palavras que você *marcou* e identifique as três que têm menos a ver com você, aquelas que não se aplicam de maneira alguma a você. Escreva essas três palavras no verso do papel debaixo das palavras que mais se aplicam a você. Leia essas seis palavras – as três que melhor o descrevem e as três que menos têm a ver com você – em voz alta. *Todas essas qualidades e características também são você.* As qualidades que você nega mais fortemente possuir também fazem parte de você e são provavelmente aquelas que criam mais turbulência na sua vida. Você atrairá pessoas que possuem essas seis qualidades, tanto as extremamente positivas, porque você pode achar que não as merece, como as intensamente negativas, porque se recusa a reconhecer a presença delas na sua vida.

Quando for capaz de se ver nos outros, terá muito mais facilidade para se ligar a eles e, através dessa conexão, descobrir a consciência unitária. A porta do sincrodestino se abrirá. Esse é o poder do espelho do relacionamento.

Quarto Exercício: NAMASTE

A palavra sanscrítica *namaste* significa: "O espírito que existe em mim venera o espírito que existe em você." Sempre que olhar nos olhos de outra pessoa, diga silenciosamente "Namaste" para si mesmo. Essa é uma maneira de reconhecer que o que está lá é o mesmo que está aqui.

Quando você fizer isso, tudo a seu respeito – sua linguagem corporal, sua expressão e seu tom – será reconhecido pela outra pessoa em um nível profundo. Embora essa saudação seja silenciosa, o outro consciente ou inconscientemente registrará o respeito implícito nela. Pratique este exercício durante alguns dias e verifique se percebe alguma diferença nas suas interações com as outras pessoas.

Afirmações do Sutra para o Segundo Princípio

Imagine que o seu espírito não está em você e sim em todos os outros seres e em tudo o que existe.
(tat tvam asi)

Imagine que todo mundo é um reflexo de você.
(tat tvam asi)

Imagine que quando você contempla o universo está olhando para o seu espelho.
(tat tvam asi)

Imagine que você vê o que os outros vêem.
(tat tvam asi)

Imagine que consegue sentir o que os outros sentem.
(tat tvam asi)

Imagine que você é as qualidades que mais admira nos outros.
(tat tvam asi)

Imagine que os outros refletem as qualidades que você admira em si mesmo.
(tat tvam asi)

Imagine que você é uma pessoa em um corredor de espelhos no qual pode ver a si mesmo ao longo de quilômetros, e todo reflexo que você vê é o seu, mas parece diferente.
(tat tvam asi)

10

O TERCEIRO PRINCÍPIO: DOMINE O SEU DIÁLOGO INTERIOR

SUTRA: Sat Chit Ananda

O meu diálogo interior reflete a chama da minha alma.

O terceiro princípio descreve a maneira como a mente cria a realidade e como, ao dominar o nosso diálogo interior, podemos literalmente transformar a realidade para criar a abundância.

O mantra – *sat chit ananda* – nos diz que a nossa alma é o lugar que é espontaneamente amor, conhecimento e bem-aventurança. *Sat* significa verdade, liberdade com relação a todas as limitações. *Chit* significa conhecimento total, conhecimento espontâneo ou consciência pura. *Ananda* significa bem-aventurança, total felicidade, completa realização. Desse modo, o que a frase realmente diz é: "A minha alma está livre de limitações. A minha alma possui um conhecimento espontâneo. A minha alma existe na completa realização."

O diálogo interior é uma das nossas características mais fundamentais. Quando conhecemos pessoas novas, estamos acostumados a examinar como elas estão vestidas, o tipo de carro que possuem, o relógio que usam no pulso. Baseados nessas indicações externas, formamos uma impressão da pessoa. No entanto, esse julgamento apressado nada mais é do que o resultado de uma conversa que o ego tem consigo mesmo. Essa pequena voz dentro da nossa cabeça está permanentemente avaliando isso e aquilo.

Esse diálogo interior tem uma função importante: ao fazer julgamentos, ele contribui para a sobrevivência. Essa pessoa pode ser perigosa. Aquela fruta talvez seja comestível. Este pode não ser um bom momento para pedir um aumento ao meu chefe. Apesar de útil, essa pequena voz quer que você acredite que você e ela são um só, que os objetivos dela são os seus. No entanto, como já vimos, há outro lugar dentro de você onde habita o silêncio. Trata-se do lugar onde você se liga ao espiritual, onde a mente local cede a vez à mente não-local. É o lugar ao qual você pode ter acesso através da meditação.

O DIÁLOGO INTERIOR E O PODER PESSOAL

Estar sincronizado com o campo de inteligência cria o equilíbrio físico, emocional e espiritual. Confere a você a força e a flexibilidade necessárias para enfrentar sem esforço qualquer desafio. Você se torna capaz de transformar o desafio de maneira que ele o alimente, e o fato de enfrentá-lo lhe outorga mais força.

O nosso diálogo interior nos confere esse tipo de poder luminoso porque é, na verdade, o diálogo interior do campo de inteligência consciente. Quando estamos em sintonia com a consciência universal, quando estamos sincronizados no campo de inteligência não-local, nos revestimos do poder que emana dessa força ilimitada. Esse poder vem de dentro de nós e, quando o possuímos, nada está fora do nosso alcance.

Dois tipos de poder emanam do eu. O primeiro é o poder da influência, o poder decorrente do fato de termos um nome famoso, muito dinheiro ou um título imponente. O poder da influência pode ser tremendo, mas acaba se extinguindo. O verdadeiro poder vem de dentro e possui uma base espiritual em vez de material. Ele é permanente e não morre com o corpo. No caso da influência, a identidade e o poder procedem de uma referência externa – um objeto, situação, símbolo de status, relacionamento, dinheiro. No caso do poder pessoal, a identidade surge quando escutamos o verdadeiro eu e o poder se origina da referência interna do espírito.

Quando você atua a partir dessa referência interior, o seu senso do eu está claro e não é afetado por fatores externos. Essa é a origem do poder pessoal. Quando os fatores externos deixam de influenciar o seu senso do eu, você se torna imune às críticas e aos elogios. Você também entende que somos todos iguais, por estarmos ligados ao mesmo fluxo de inteligência consciente. Isso significa que você compreende que enquanto passa pela vida, você não é inferior nem superior a ninguém. Não precisa implorar ou convencer ninguém de nada porque não precisa convencer a si mesmo.

Por mais maravilhoso que isso possa parecer, muito poucas pessoas efetivamente alcançam um estado de referência interior. Com excessiva freqüência, turvamos a mensagem permitindo que o nosso ego intervenha. Nossos pensamentos, influenciados por fatores externos – preocupações financeiras, estresse no emprego, tensões nos relacionamentos –, acabam atrapalhando nosso desenvolvimento espiritual e damos conosco avançando em uma direção oposta à que queremos seguir.

As duas melhores maneiras de superar essa tendência é meditar e praticar conscientemente o diálogo interior positivo. Este último nos ajuda a avançar na direção certa, favorece o sincronismo e promove o desenvolvimento espiritual. Com o diálogo interior positivo, podemos criar o poder pessoal.

Suponha, por exemplo, que você esteja insatisfeito no trabalho e queira arranjar um novo emprego. Você começa a examinar os jornais e conversar com amigos que conhecem sua trajetória profissional, mas nada acontece. Você talvez fique frustrado e seu diálogo interior poderá concluir que: "Não existem oportunidades para mim." Observe como essa reação contrasta com outro exemplo de uma parte muito diferente do mundo. Suponha que um caçador esteja tendo dificuldade em encontrar a caça na floresta amazônica. Se ele procurar um xamã em busca de ajuda para lidar com a situação, o caçador e o xamã examinarão apenas o interior do primeiro para encontrar a solução do problema. Jamais passaria pela cabeça deles o pensamento: "Não existe caça na floresta", porque eles sabem que ela existe. O problema é que algo dentro do caçador está impedindo que ele a encontre. Talvez alguma coisa no caçador esteja até mesmo afugentando a caça. Assim sendo, o xamã pede ao caçador que participe de um ritual destinado a mudar o que existe em seu coração e sua mente, porque são o coração e a mente que controlam a realidade externa.

Quando damos conosco olhando para o mundo e dizendo: "Não existem oportunidades para mim", deveríamos provavelmente também examinar nosso coração e perguntar: "Se não há nada lá fora, será que existe alguma coisa aqui dentro?" Precisamos analisar nosso diálogo interior para descobrir onde podemos estar bloqueando o fluxo de energia consciente, depois remover o ego, sair do caminho e deixar que a chama da alma brilhe através de nós.

Os sábios védicos dizem que a chama da alma, quando intensa, está refletida no brilho dos nossos olhos. Ela se reflete espontaneamente na sua linguagem corporal e nos movimentos do seu corpo. Tudo o que você pensa, sente, diz e faz reflete essa mesma chama. Qual a aparência dela? Não existem noções absolutas, mas o espírito se reflete na fala e no comportamento impecáveis, abstendo-se de qualquer coisa que possa ser potencialmente considerada prejudicial. O espírito se reflete na confiança, na felicidade, no bom humor, na intrepidez, na bondade e na consideração. A qualidade do seu diálogo interior torna-se instantaneamente óbvia para as outras pessoas, embora ele possa não ser reconhecido pelo que é. Quando você pratica o diálogo interior positivo, as pessoas têm vontade de se relacionar com você, ajudá-lo e estar em sua companhia. Elas querem compartilhar o amor, o conhecimento e a grande felicidade que brilham através dos seus olhos e estão refletidos em todas as suas ações. Esse é o verdadeiro poder interior.

Quinto Exercício:
A CHAMA NOS SEUS OLHOS

A chama na sua alma estará refletida nos seus olhos. Sempre que se olhar no espelho, mesmo que apenas por um ou dois segundos, estabeleça contato visual com a sua imagem e repita em silêncio os três princípios que são as bases da auto-referência. Em primeiro lugar, diga para si mesmo: "Sou totalmente independente das opiniões positivas ou negativas das outras pessoas." Em segundo: "Não sou inferior a ninguém." Em terceiro: "Sou intrépido diante de todo e qualquer desafio." Observe os seus olhos no espelho e veja essas atitudes refletidas de volta para você. Apenas os olhos e não a expressão facial. Procure o brilho nos seus olhos para se lembrar da chama na sua alma.

Afirmações do Sutra para o Terceiro Princípio

Imagine que você está equilibrado
e completamente em paz.
(sat chit ananda)

Imagine que você está contemplando o mundo
com paz e conhecimento.
(sat chit ananda)

Imagine que todos os seres são iguais a você.
(sat chit ananda)

Imagine que você não é afetado pela lisonja
nem pelas críticas.
(sat chit ananda)

Imagine que você está concentrado na jornada
e não no destino.
(sat chit ananda)

Imagine que na sua presença toda hostilidade é
sobrepujada por uma paz profunda.
(sat chit ananda)

Imagine que você não tem apego
ao resultado.
(sat chit ananda)

Imagine que existe dentro de você um oceano muito
profundo de calma que não é afetado por
nenhuma turbulência.
(sat chit ananda)

Imagine que o amor se irradia de você como
a luz de uma fogueira.
(sat chit ananda)

Imagine que você está apaixonado por tudo e por todos.
Imagine que está inebriado pelo amor.
(sat chit ananda)

Imagine que a resposta certa vem espontaneamente
a você sempre que se vê diante de qualquer pergunta.
(sat chit ananda)

Imagine que você sabe exatamente o que fazer
em todas as situações.
(sat chit ananda)

11

O QUARTO PRINCÍPIO: A INTENÇÃO TECE A TAPEÇARIA DO UNIVERSO

SUTRA: San Kalpa

As minhas intenções possuem um poder organizador infinito.

Nossas intenções são uma manifestação do universo total porque somos parte do universo e nossas intenções encerram a mecânica da sua realização. Na verdade, tudo de que realmente precisamos é clareza de intenção. A seguir, se conseguirmos tirar o ego do caminho, as intenções se realizarão sozinhas. Elas atraem os elementos e as forças, os eventos, as situações, as circunstâncias e os relacionamentos necessários para que o resultado pretendido seja satisfeito. Não precisamos nos envolver nos detalhes; de fato, tentar demais pode fazer o tiro sair pela culatra. Deixe a inteligência não-local sincronizar as ações do universo para que suas intenções se realizem. A intenção é uma força na natureza, como a gravidade, porém mais poderosa. Ninguém precisa se concentrar na força da gravidade para fazê-la funcionar. Ninguém pode dizer: "Não acredito na gravidade", porque ela é uma força em ação no mundo quer a compreendamos, quer não. A intenção funciona da mesma maneira.

Eis um exemplo simples: pense em uma ocasião na qual você estava tentando se lembrar de algo sem importância, como o nome de uma pessoa ou o título de um livro. Estava na ponta da língua, mas você simplesmente não conseguia se lembrar. Quando tenta recordar, você introduz a intenção, mas quanto mais se esforça para se lembrar, mais a informação parece escapulir da lembrança consciente. Mas se você finalmente tira o ego do caminho e desiste do processo de recordar, a sua intenção dirige-se então para a esfera virtual, com o infinito poder de organização que ela possui. Mesmo que outros pensamentos já estejam passando pela sua cabeça, a esfera virtual continua a procurar a informação, mesmo sem a sua participação consciente. Mais tarde, talvez quando você esteja pegando no sono ou sentado assistindo a um filme, o nome que estava fazendo tanto esforço para lembrar salta de repente na sua consciência. Esse exemplo comum ilustra a maneira como a intenção funciona. Tudo que temos a fazer é criar a intenção e deixar que o universo assuma o comando.

A única preparação ou participação requerida para desencadear o poder da intenção é uma conexão com o campo de inteligência consciente, que pode ser alcançada de muitas maneiras, sendo que uma das melhores é a meditação. Quando uma pessoa atinge certo nível de consciência, as intenções dela começam a acontecer. Existem pessoas que estão tão ligadas ao campo de inteligência consciente que todas as suas intenções se manifestam – a ordem completa do universo se organiza em torno delas. É claro que não é estritamente verdade que todas as suas intenções pessoais estejam se concretizando; na verdade, as pessoas que estão conectadas ao campo de inteligência consciente adotam as intenções do universo. As suas intenções estão se realizando, mas somente porque a mente cósmica está usando essas intenções para satisfazer os próprios desejos.

Precisamos procurar oportunidades de exercitar as intenções, porque de um modo geral nossa sociedade não as oferece. Se você for como a maioria das pessoas, não terá muitas oportunidades de fazer um retiro no alto da montanha onde possa se concentrar no seu desenvolvimento espiritual. É bem mais provável que você tenha um momento livre quando estiver preso no trânsito ou enquanto estiver esperando um telefonema importante no escritório. Essas são oportunidades mais verossímeis que você terá para praticar a percepção intemporal e a intenção baseada no espírito.

A intenção não é simplesmente um capricho. Ela requer atenção e também exige o desapego. Depois de criar conscientemente a intenção, você precisa ser capaz de se desapegar do resultado e deixar o universo cuidar dos detalhes da realização. Se não fizer isso, o ego se envolverá com o que está acontecendo e perturbará o processo. Você se sentirá frustrado se a sua intenção não se realizar logo. Seu senso de importância pessoal pode ficar ameaçado ou você pode começar a sentir pena de si mesmo. A intenção na natureza administra a própria realização. A única coisa que poderia interferir é a vontade do ego de dominar e impor as necessidades e preocupações totalmente egoístas dele.

É claro que a melhor maneira de realizar todas as suas intenções é alinhá-las com a intenção cósmica, criar a harmonia entre o que você pretende e o que o universo tenciona para você. Assim que surgir essa congruência, você descobrirá que o sincronismo passará a assumir um papel maior na sua vida. O melhor modo de criar essa harmonia é alimentando uma atitude de simples gratidão. Reconheça a gratidão por tudo na sua vida. Agradeça o seu lugar no cosmo e a oportunidade que você tem de promover o destino que todos compartilhamos. Parte do processo de criar a harmonia envolve abandonar todos os tipos de ressentimento. O ressentimento provém do ego. Os animais não têm nenhum problema com rancores ou ressentimentos. É somente entre os seres humanos que a intenção é freqüentemente obstruída por todos os tipos de bagagem emocional. Você precisa abandonar tudo isso a fim de criar a intenção pura.

Sexto Exercício:

FOCALIZANDO A INTENÇÃO

A melhor maneira de colocar em evidência nossas intenções é escrevendo-as. Embora esse possa parecer um passo inicial óbvio, muitas pessoas não o levam em consideração. Como resultado, as intenções delas com freqüência permanecem dispersas e, por conseguinte, não se realizam.

Vá para um lugar tranqüilo onde não seja perturbado. Escreva o que você quer em todos os diferentes níveis do desejo. Inclua os aspectos materiais, a gratificação do ego, os relacionamentos, a auto-estima e os desejos espirituais. Seja o mais específico possível.

Pergunte a si mesmo o que quer no nível material, no que tange à abundância e à riqueza. Você quer ser proprietário de uma casa de quatro quartos? Anote isso. Quer ser capaz de pagar a faculdade dos seus filhos? Escreva isso também. Pense também nos seus desejos de gratificação sensorial – os sons, o toque, a visão, o gosto, o cheiro e a sensualidade –, qualquer coisa que gratifique os sentidos. Anote-os.

Pergunte a si mesmo o que deseja no que diz respeito aos relacionamentos. Escreva seus desejos com relação a todos os relacionamentos, ou seja, com parceiros românticos, filhos, colegas, pais, amigos e até mesmo os profissionais.

Anote o que você quer no que tange à realização ou reconhecimento pessoal. Observe o que deseja em um nível mais universal – de que modo você pode ser útil? O que você quer fazer com a sua vida sob o aspecto da sua sociedade, do seu país, da sua civilização? De que maneira deseja contribuir? Escreva tudo o que você quer quando pensa em descobrir o seu mais elevado senso do eu. Quem você quer ser? Que tipo de espiritualidade quer acrescentar à sua vida? Anote tudo o que deseja em uma única folha de papel. Faça acréscimos ou tire coisas da lista à medida que os seus desejos mudam ou se tornam realidade.

Medite a respeito de como seria a vida se todos esses desejos se realizassem. Veja se consegue criar visões interiores de genuína realização tanto no nível material quanto no espiritual. Não se preocupe em ter essas visões em uma ordem específica ou em determinar se elas são realistas ou não. Apenas veja-as acontecer; sinta-as com os cinco sentidos. A meta é ter a atenção congruente nesses quatro níveis de aspiração. Quando esse tipo de congruência está em jogo, o diálogo interior é muito claro e poderoso, e o ajudará a alcançar a consciência unitária.

As intenções não precisam de uma atenção constante, mas necessitam permanecer focalizadas. Esse é um hábito que desenvolvemos com o tempo. Examine sua lista uma ou duas vezes durante o dia. Releia-a várias vezes logo antes de meditar. Quando você medita, silencia o eu. O ego desaparece. Em decorrência disso, você se desliga dos resultados, não se envolve com os detalhes e deixa que o infinito poder organizador da inteligência mais profunda administre e preencha para você todos os detalhes das suas intenções. A chave é afastar-se do nível do ego, do nível do eu e da auto-estima, para deixar a inteligência não-local dirigir a realização dos seus desejos através do sincronismo.

No início, você pode ser tão egoísta quanto desejar. Todas as suas intenções podem ser a respeito do "eu" e dos pequenos detalhes do que você quer que aconteça na sua vida. No entanto, posteriormente, você compreenderá que o objetivo é a realização em todos os níveis e não apenas no nível pessoal ou do ego. Quando começar a ver suas intenções realizadas, seu interesse pessoal diminuirá porque você sabe que pode ter tudo. Quando você tem comida suficiente, não fica obcecado por comer o tempo todo. O mesmo ocorre com as intenções. Quando souber que a realização é possível, pensará menos nas suas necessidades pessoais e mais nas necessidades do resto do mundo. Esse é um processo que funciona através de estágios. Seja paciente, mas fique atento ao início dos milagres.

Sétimo Exercício:

O SUTRA DO CORAÇÃO

Este é um exercício de meditação que demonstra o poder da intenção, mas ele é mais do que uma mera demonstração. Pratique-o regularmente para que o ritual possa focalizar sua atenção e sua intenção.

Vá para um lugar tranqüilo onde tenha quase certeza de que não irá ser perturbado durante quinze minutos. Feche os olhos e pratique o mantra do som primordial – "so-hum" – durante cinco minutos, colocando a atenção na respiração.

Passado esse tempo, conscientize-se mentalmente da área do coração, no meio do peito. Ao fixar a atenção no coração, você pode começar a senti-lo bater com mais força. Isso é normal. Quando principiar a sentir a pulsação do coração, comece também a experimentar gratidão. A maneira de fazer isso é pensar em todas as coisas, eventos e relacionamentos da sua vida pelos quais você tem motivos para ser grato. Deixe que essas imagens surjam na sua consciência enquanto você mantém a atenção no coração. Passe alguns instantes pensando em todas as pessoas que você ama e em todas as que dividem o amor delas com você.

Diga então para si mesmo: *"Cada decisão que eu tomo é uma escolha entre um ressentimento e um milagre. Abandono os ressentimentos e escolho os milagres."* Certos tipos de rancor e ressentimento, bem como as pessoas a eles associadas, podem irromper na sua consciência. Se isso acontecer, diga apenas: *"Abandono os ressentimentos. Escolho os milagres."* Preste novamente atenção ao coração e comece a respirar conscientemente nesse órgão. Enquanto fizer isso, diga para si mesmo: "Amor... conhecimento... bem-aventurança... amor", e a seguir solte o ar, também contando até quatro. Faça uma pausa de vários segundos cada vez que inspirar e soltar o ar. Repita esse procedimento durante três ou quatro minutos.

Por meio da meditação do sutra do coração, a chama da sua alma, que é amor, conhecimento e bem-aventurança, começará a se disseminar através do coração. É aqui que o terceiro princípio do sincrodestino encontra o quarto. A chama da sua alma começa agora a criar sua intenção.

Depois de dizer algumas vezes: "Abandono os ressentimentos e escolho os milagres", comece a repetir mentalmente a frase: "*Seja feita a vossa vontade.*" Essa atitude prepara a mente para receber a intenção da inteligência não-local e compreender que ela é, simultaneamente, a sua intenção.

Mais ou menos um minuto depois, livre-se de todos os pensamentos e coloque a atenção totalmente no coração. Experimente sua pulsação, quer como som, quer como sensação. Sinta-o palpitar. Quando conseguir sentir o coração, transfira a atenção para as mãos, e sinta nelas o pulsar do coração. Introduza a atenção para aumentar o fluxo de sangue para as mãos. Tenha apenas a intenção. À medida que esse fluxo for aumentando, o palpitar ficará mais forte ou você sentirá calor, formigamento ou alguma outra sensação. Introduza a sensação de mais calor para que as suas mãos fiquem cada vez mais quentes. Alimente o calor nelas à medida que a sua intenção por si só aumenta o fluxo de sangue.

Quando as suas mãos estiverem aquecidas, leve a atenção para o rosto, para a parte superior da face ao redor da região do globo ocular, e tenha a mesma intenção. Aumente o fluxo de sangue para o rosto para que ele comece a enrubescer e se aquecer. Tenha apenas a intenção. Você poderá sentir a área ao redor dos olhos pulsar ou formigar à medida que o fluxo de sangue for aumentando e o seu rosto se aquecer.

Finalmente, leve a atenção de volta ao coração. Imagine que um pequeno ponto de luz palpita no seu coração, acompanhando o ritmo da pulsação. Esse ponto de luz é a luz da sua alma e palpita com as três qualidades da alma: o amor, o conhecimento e a bem-aventurança, ou *sat chit ananda,* que também é o sutra para o Terceiro Princípio no Capítulo 10. Enquanto ele pulsa, experimente o ponto de amor, conhecimento e bem-aventurança. Ele está enviando uma luz radiante para o resto do corpo. Deixe que esse ponto de luz desapareça lentamente da sua consciência e entre em sintonia com todo o seu corpo. Sinta as sensações. A seguir, abra os olhos. A meditação está encerrada.

Afirmações do Sutra para o Quarto Princípio

Imagine que todo o universo é um vasto oceano de consciência e as suas intenções emanam do seu coração e ondulam através do vasto oceano da consciência.
(san kalpa)

Imagine que a sua intenção coordena a atividade infinita do universo, contrabalançando todo o ecossistema.
(san kalpa)

Imagine que a sua intenção pode curar os enfermos.
(san kalpa)

Imagine que a sua intenção pode levar riso e alegria aos sofredores.
(san kalpa)

Imagine que você pode levar o sucesso aos fracassados.
(san kalpa)

Imagine que você pode levar a força aos que se sentem fracos e amedrontados.
(san kalpa)

Imagine que você pode levar esperança aos que se sentem desamparados.
(san kalpa)

Imagine que os seus pensamentos afetam as forças naturais do universo, que você pode trazer a chuva e o sol, as nuvens e a chuva.
(san kalpa)

Imagine que cada pensamento que você tem, cada palavra que pronuncia, cada ato que pratica traz algum benefício ao mundo.
(san kalpa)

12

O QUINTO PRINCÍPIO: APROVEITE A SUA TURBULÊNCIA EMOCIONAL

SUTRA: Moksha

Estou emocionalmente livre.

Quando compreendemos que a realidade externa não pode ser separada da interna, quando percebemos que o universo na verdade é o nosso corpo mais amplo, fica muito claro que a energia negativa existente dentro de nós é destrutiva. A turbulência emocional é uma importante barreira para a realização espontânea do desejo, mas é possível transformar a energia negativa em um nível mais elevado de consciência.

A palavra *moksha* significa "liberdade". Quando esse sutra ressoa dentro de nós, ele expressa: "Estou emocionalmente livre. A minha alma está livre do melodrama, do ressentimento, do rancor, da hostilidade e da culpa. Estou livre da presunção. Estou livre do egoísmo. Estou livre da autocomiseração. Sou capaz de rir de mim mesmo. Percebo o humor na vida." Tudo isso está contido nessa liberdade; se não estou emocionalmente livre, ofusco e perturbo a experiência do espírito com o ego, e as minhas melhores intenções não podem ser realizadas.

Enfim, a liberdade emocional também leva à liberdade psicológica e espiritual. Existem na verdade apenas duas emoções: o prazer e a dor – as coisas ou nos fazem bem ou nos magoam. A maioria das pessoas acredita que as duas emoções fundamentais são o amor e o medo, mas na verdade essas são apenas as maneiras como respondemos ao potencial para o prazer e a dor. O *amor* significa que queremos nos aproximar da coisa porque achamos que ela nos trará prazer. O *medo* significa que queremos nos afastar dela porque achamos que nos trará dor.

Passamos a vida procurando o prazer e evitando a dor. As coisas que proporcionam prazer ou dor são diferentes para cada um de nós. O prazer e a dor emanam das nossas necessidades. Se eu adoro sorvete de chocolate e você me trouxer esse sorvete, interpretarei a situação como agradável. Se eu for alérgico a chocolate e você me trouxer sorvete de chocolate, associarei o seu presente à dor. Tudo gira em torno da percepção e da interpretação. É o ego que interpreta as coisas como sendo agradáveis ou dolorosas, e ele experimenta qualquer passagem não autorizada em seus limites como dolorosa.

A condição ótima e mais verdadeira é a do equilíbrio. Sempre que temos uma turbulência emocional, perturbamos o equilíbrio interno natural, o que pode bloquear nossa evolução espiritual e até nos separar do sincronismo. Isso não quer dizer que as emoções sejam em si nocivas ou que devam ser evitadas. Na qualidade de seres humanos, sempre teremos emoções, pois elas fazem parte da condição humana. No entanto, as emoções extremas nos desviam do verdadeiro propósito da vida. Sempre haverá eventos ou relacionamentos na nossa vida que desencadearão em nós fortes emoções. Sempre haverá coisas neste mundo que causam grande dor ou ansiedade. Mas precisamos evitar empacar em uma única emoção.

Pense na vida como um rio com duas margens: o prazer está em um dos lados e a dor, do outro. A melhor maneira de descer o rio é ficar no meio, deslizando uniformemente entre as duas margens. Se nos aproximarmos demais de um dos lados, o percurso fica mais lento e corremos o risco de encalhar. O excesso de prazer leva ao vício. O excesso de dor ofusca a alegria da vida.

É importante observar que a dor não precisa ser física. Pode ser emocional ou até mesmo a lembrança de uma dor passada.

Embora tenhamos um instinto natural para evitar a dor, precisamos lidar com ela quando ocorre; caso contrário, ela ressurgirá mais tarde sob alguma forma de turbulência emocional. Essa dor pode assumir um aspecto diferente do que você espera, mas certamente voltará a aparecer, talvez sob a forma de insônia, doença, ansiedade ou depressão.

Talvez a emoção mais destrutiva seja a raiva. O objetivo supremo da transformação espiritual é a iluminação, o estado perpétuo da consciência unitária, a percepção constante de que você, eu e o restante do universo somos padrões do mesmo tecido, urdiduras da inteligência não-local. A raiva nos motiva a causar dano aos outros, conduzindo-nos na direção oposta à iluminação e à consciência unitária. A raiva obscurece qualquer percepção da unidade. Ela só diz respeito ao ego. Em vez de fazê-lo avançar em direção ao sincronismo e à iluminação, a raiva o empurra para trás, impedindo-o de receber as mensagens transformadoras do universo.

Por conseguinte, é criticamente importante controlar essa forma de turbulência emocional. Extravasar a raiva de fato não ajuda, pois simplesmente alimenta a emoção e possibilita que ela fique mais forte. É preciso lidar com os sentimentos de raiva de uma maneira positiva, o mais depressa possível depois que eles surgirem. A meta não é alimentar a raiva ou tentar abafá-la, ocultando-a. Em vez disso, precisamos transformá-la, ou qualquer outra emoção destrutiva, dentro de nós mesmos.

O primeiro passo para converter as emoções é assumir a responsabilidade pelo que você está sentindo. Para fazer isso, você precisa reconhecer a emoção. O que está sentindo? Onde a sente no corpo? Assim que conseguir identificar o sentimento, observe-o. Experimente-o o mais objetivamente possível, como se você fosse outra pessoa que estivesse olhando-o a distância. A raiva é desencadeada pela dor. Descreva a dor a partir desse ponto de vista objetivo.

Depois que a dor foi identificada dessas maneiras, você pode começar a expressá-la, liberá-la e compartilhá-la. Transforme a experiência dolorosa em uma nova percepção. Finalmente você poderá até mesmo ser capaz de celebrar a dor como outro passo no seu caminho em direção à iluminação espiritual. Quando abraçar a dor dessa maneira, a turbulência emocional desaparecerá e o caminho para o sincronismo ficará novamente desimpedido.

Oitavo Exercício:

LIDANDO COM A DOR

Para fazer este exercício você precisará passar cerca de dez minutos em um local onde provavelmente não vá ser perturbado. Comece meditando por alguns momentos.

De olhos fechados, relembre algum evento ou situação do passado que o tenha aborrecido muito. Pode ter sido uma discussão, uma ocasião em que alguém feriu seus sentimentos ou um encontro aleatório que o deixou zangado. Depois de escolher uma situação desagradável, tente recordar o maior número possível de detalhes a respeito dela. Crie um filme mental do que aconteceu.

O primeiro passo para lidar com a dor dessa situação é identificar exatamente o que você está sentindo. Que palavra descreve melhor seus sentimentos a respeito desse evento ou situação? Procure encontrar uma única palavra que abranja o maior número possível de sentimentos, a sua melhor descrição. Agora, concentre-se durante alguns segundos nessa palavra.

Deixe que a atenção se desloque gradualmente dessa palavra para o seu corpo. Que sensações físicas você está sentindo em decorrência de reviver essas emoções? Cada emoção possui ao mesmo tempo aspectos mentais e físicos que não podem ser separados. Nossos sentimentos ocorrem simultaneamente na mente e no corpo. Sinta as sensações criadas pelo incidente no qual você está pensando. As suas mãos se fecharam automaticamente? Você está sentindo um aperto no estômago? Uma dor no abdômen? Observe a experiência física da emoção e determine a localização específica dela no corpo.

O próximo passo é expressar o sentimento. Ponha a mão sobre a parte do corpo onde você sente que o sentimento está localizado. A seguir, diga em voz alta: "Sinto dor aqui." Se a dor se encontra em mais de um lugar, toque cada um deles e repita a frase: "Sinto dor aqui."

Temos dentro de nós o poder de fazer desaparecer cada dor emocional. Nossas reações aos eventos externos estão situadas no nosso corpo. Criamos emoções, as quais geram dor física. Quando compreendemos esse simples fato, podemos aprender a mudar a maneira como respondemos aos eventos externos. Podemos escolher a forma como reagimos aos incidentes no mundo. Quando reagimos com raiva, hostilidade, depressão, ansiedade ou outra emoção intensa, nosso corpo acompanha o processo e cria os hormônios, contrações musculares e outras manifestações físicas que acabam por nos fazer efetivamente sentir dor. Por conseguinte, precisamos sempre lembrar que esses efeitos são nossa responsabilidade no sentido de que podemos modificar nossas reações de maneiras menos nocivas para nós. Podemos ficar livres do drama e da turbulência emocional. Medite por um momento sobre o conceito da responsabilidade pessoal pelas reações emocionais.

Depois de ter localizado e reconhecido a dor, e assumido a responsabilidade por ela, você pode liberá-la. Coloque a atenção na parte do corpo onde está sentindo dor. Cada vez que soltar o ar, tenha a intenção de liberar a tensão que você está sustentando. Durante meio minuto, concentre-se em se livrar da tensão e da dor cada vez que expirar. Solte-se. Deixe que a dor se vá.

O próximo passo é compartilhar a dor. Imagine que pode falar com a pessoa que estava envolvida no incidente que você recordou neste exercício. O que diria para ela? Enquanto pensa nisso, lembre-se de que a pessoa não foi a verdadeira causa de sua dor. Você teve uma reação emocional que se manifestou como dor física. Você assumiu a responsabilidade. Sabendo disso, o que diria para essa pessoa? O que você escolher dizer será pessoal para você e a situação. O que você disser para compartilhar a dor que você sentiu ajudará a eliminar para sempre a experiência da sua consciência. Compartilhe o que sentiu, como está se sentindo agora e como pretende lidar com esse tipo de sentimento no futuro.

Este exercício pode ser usado sempre que você perceber uma turbulência emocional na sua vida. Ao concluir o exercício, celebre por um momento o fato de ter usado essa experiência dolorosa para alcançar um nível mais elevado de consciência. Se utilizar sistematicamente este exercício, acabará conseguindo se libertar da turbulência e da dor emocional, tornando seu caminho livre para experimentar o sincronismo.

Nono Exercício:
COMUNICAÇÃO NÃO-VIOLENTA

Sempre haverá situações e circunstâncias na sua vida em que alguém transporá um limite pessoal, desencadeando fortes reações emocionais. Este exercício foi extraído do livro de Marshall Rosenberg, *Nonviolent Communication.*

A comunicação não-violenta encerra três passos, que envolvem quatro perguntas que você faz a si mesmo sempre que percebe que está ficando na defensiva. Quando alguém o provoca, é tentador querer revidar. Mas essa não é a reação ideal, pois não é produtiva, desperdiça uma valiosa energia pessoal e cria mais turbulência no mundo. Para este exercício, pense em uma situação recente na qual algo o tenha irritado ou aborrecido de alguma maneira. Tendo em mente essa experiência, siga estas quatro etapas.

PRIMEIRA ETAPA:
Separe a Observação da Avaliação

Defina o que realmente aconteceu, em vez de se basear apenas na sua interpretação. Seja o mais objetivo possível ao descrever o evento. Pergunte a si mesmo: A que você está efetivamente respondendo? O que realmente aconteceu? O que você viu e ouviu?

Suponha, por exemplo, que você está andando de carro, pensando se precisa comprar alguma coisa para o jantar, quando o seu companheiro nota seu silêncio e pergunta: "Por que você está aborrecido?" Você responde: "Não estou aborrecido. Só estava pensando no jantar." O seu parceiro reagiu ao seu silêncio com uma avaliação e não com uma observação. Sempre que você atribui um significado a uma ação, você a está interpretando ou avaliando. Nos pares de frases seguintes, veja se consegue determinar qual é a avaliação e qual a observação.

1. *"Vi você flertando com aquela mulher na festa."*
2. *"Vi você conversando com aquela mulher na festa durante mais de uma hora."*

1. *"Estou percebendo que seu trabalho se tornou mais importante para você do que sua família."*
2. *"Nas três últimas semanas, você tem saído para trabalhar antes do sol raiar e voltado para casa depois das dez da noite."*

1. *"Você não me ama mais."*
2. *"Você não me beija mais quando chega do trabalho."*

Nos três pares, a primeira frase é a interpretação ou avaliação.

Sempre que você se apanhar tendo uma reação emocional, pare por um momento e procure discernir a diferença entre a interpretação do evento e a observação objetiva dele. As observações nos tornam mais fortes porque possibilitam reconhecer que uma parcela da reação que temos diante dos outros se baseia na interpretação, o que por sua vez nos permite modificar os padrões segundo os quais respondemos às ações das outras pessoas.

SEGUNDA ETAPA:
Defina os seus Sentimentos

Pense com os seus botões: Que sentimentos surgiram em decorrência da situação? O que estou sentindo? Ao descrever seus sentimentos, use uma linguagem que reflita apenas aqueles pelos quais você é responsável e evite palavras que o tornem uma vítima. Por exemplo, você pode se sentir apreciado, zangado, implicante, ansioso, receoso, corajoso, bonito, confiante, muito feliz, desnorteado, alegre, livre, animado, calmo, espantado, jovial, ávido, esperançoso, satisfeito, otimista, orgulhoso, radiante, relaxado, sensível, envergonhado, entediado, confuso, desanimado, descontente, aborrecido, apático, fatigado, culpado, hostil, com raiva, ciumento, preguiçoso ou solitário.

Evite palavras que precisem de outra pessoa para "fazer" você se sentir de determinada maneira. Você não pode, por exemplo, sentir-se "atacado" por si mesmo; essa emoção não surge de você e sim de sua reação a outra pessoa. Outras palavras que devem ser evitadas: *abandonado, vítima de abuso, traído, enganado, coagido, diminuído, manipulado, incompreendido, explorado, rejeitado, ninguém me ouve, ninguém me vê, ninguém me apóia.* O fato de usar essas palavras para identificar seus sentimentos significa que você está conferindo aos outros um poder excessivo sobre as suas emoções. Se for esse o caso, você terá a tendência de atrair pessoas que evocam esses sentimentos e de ficar preso em um círculo vicioso. É muito difícil ser feliz enquanto não começar a reconhecer suas emoções.

TERCEIRA ETAPA:
Expresse Claramente suas Necessidades

Pergunte a si mesmo: O que preciso nesta situação? Você não estaria tendo sentimentos fortes se todas as suas necessidades estivessem sendo satisfeitas. Identifique a necessidade o mais especificamente possível. Comece com a sua reação mais profunda e depois vá seguindo a cadeia de desejos até encontrar alguns exemplos específicos de coisas para perguntar. Por exemplo: "Preciso me sentir amado. Por quê?" "Eu me sinto sozinho – preciso me sentir menos solitário. Por quê?" "Não tenho amigos íntimos – preciso fazer algumas amizades e desenvolver relacionamentos." Essa linha de pensamento acaba conduzindo a algo que você pode pedir a outra pessoa. Você não pode pedir a alguém que o faça se sentir amado, pois isso está além da capacidade de qualquer um. No entanto, pode convidar outra pessoa para ir ao cinema, ir a uma festa ou tomar uma xícara de café com você.

QUARTA ETAPA:
Peça em Vez de Exigir

Quando identificamos uma necessidade e estamos prontos para fazer um pedido, freqüentemente exigimos o que queremos em vez de pedir que nossas necessidades sejam satisfeitas. As exigências apresentam uma menor probabilidade de serem atendidas, porque as pessoas inerentemente reagem mal a elas. A maioria das pessoas, contudo, fica muito feliz em atender a um pedido.

Em vez de dizer a alguém, por exemplo: "Vá buscar a roupa na lavanderia", é bem mais provável que você obtenha uma resposta positiva se pedir: "Você poderia, por favor, ir buscar a roupa na lavanderia?"

Além disso, como na terceira etapa, é interessante que você peça um comportamento específico particular. Quanto mais específico ele for, mais provável é que seu pedido seja atendido. Por exemplo, em vez de dizer: "Ame-me para sempre", você pode perguntar: "Quer se casar comigo?" Em vez de fazer a pergunta genérica: "Podemos passar mais tempo juntos?", pode perguntar: "Você gostaria de ir ao parque esta tarde?"

Essas etapas são proveitosas em todas as situações, mas são especialmente úteis quando existe um conflito. Sempre que você participar de uma situação tensa, permita-se afastar-se um pouco das emoções do momento e escolher a comunicação consciente. O que você observa? Como isso o faz se sentir? Determine sua necessidade. Faça um pedido. Essa atitude deverá ajudar a evitar uma situação potencialmente explosiva e possibilitará que você mantenha a serenidade – ou pelo menos que a recupere.

Décimo Exercício:

CURANDO A RAIVA DA INFÂNCIA

Para este exercício, você precisará mais ou menos de dez minutos ininterruptos.

Pense no que aconteceu ontem. Imagine que a sua memória é uma fita de vídeo que você pode voltar e parar em qualquer ponto que escolher. Neste momento, faça-a voltar apenas vinte e quatro horas. Pense em algumas coisas que fez durante o dia. Alguma delas o assustou ou o fez ficar zangado? Não precisa ser nada especialmente importante ou dramático; você pode ter ficado impaciente enquanto esperava em uma fila ou pode ter presenciado uma cena em que alguém foi rude ou desatencioso. Durante aproximadamente um minuto tente se lembrar dos eventos do dia com o maior número possível de detalhes. Concentre-se em um momento de raiva, tomando consciência das sensações no seu corpo bem como das emoções na sua mente.

A seguir, volte ainda mais a fita e pare exatamente um ano atrás. Procure se lembrar do que estava fazendo naquela época nesta data ou no dia mais próximo dela que você conseguir recordar. O que passava pela sua cabeça naquela ocasião? Você se lembra de ter estado preocupado ou zangado com alguma coisa? Tente sentir as emoções da época na mente e no corpo. Os sentimentos são os mesmos que você se lembra de ter sentido ontem?

Volte ainda mais a fita e pare no ponto em que era adolescente. Uma vez mais, concentre-se em uma situação que o tenha deixado zangado ou assustado. Reviva os sentimentos no nível mental e físico. Observe de que maneira a raiva que você sentiu ontem se desenvolveu a partir de emoções que surgiram havia muito tempo.

Procure agora recordar um incidente da infância. Quando foi a primeira vez na sua vida em que você se lembra de ter ficado realmente zangado? Sinta todas as sensações criadas por essa raiva.

Repare como o medo e a raiva se acumularam no decorrer dos anos. Embora não consiga se lembrar, houve uma época na sua vida que antecedeu qualquer sentimento de raiva ou medo, um período de completa paz e tranqüilidade. Tente imaginar como pode ter sido essa experiência da mais absoluta felicidade. Concentre-se em uma ocasião anterior ao medo ou à raiva. Volte a fita imaginária de sua vida até a tela ficar escura e sinta os limites entre você e o ambiente se evaporarem. Sinta agora, durante um minuto, o total desaparecimento de sua raiva acumulada, seu medo e seu ego.

Com esse sentimento de felicidade completa na consciência, comece a avançar a fita de vídeo imaginária. Visite os mesmos pontos da sua vida em que você parou antes, os momentos de raiva ou de medo da infância, os anos da adolescência, o ano passado, o dia de ontem. Ao contemplar novamente essas cenas, reintroduza no cenário a experiência de total felicidade. Em vez de permitir que um momento de raiva se desenvolva a partir de outro, comece a apagá-los, um por um, desde os primórdios da infância até o dia de ontem. Passe mais ou menos um minuto sentindo a raiva e o medo serem apagados por essa memória de grande felicidade. E à medida que esses sentimentos forem eliminados, deixe que o acúmulo tóxico dos anos de raiva e medo desapareçam do seu espírito.

Você pode usar este exercício em qualquer ocasião para atacar na base o problema da raiva. Muitas pessoas o consideram especialmente útil à noite, pouco antes da hora de dormir, pois acordam felizes e sem nenhuma raiva residual.

Afirmações do Sutra para o Quinto Princípio

Imagine que você não possui uma forma física, que é um campo de percepção que está em toda parte em todos os momentos.
(moksha)

Imagine que você deixou para trás, para sempre, qualquer sentimento de raiva ou rancor.
(moksha)

Imagine que não culpa mais os outros, que está livre desse sentimento e também da própria culpa.
(moksha)

Imagine que você nunca se deixa envolver pelo melodrama ou pela histeria.
(moksha)

Imagine que você pode escolher qualquer sentimento e emoção que deseje experimentar.
(moksha)

Imagine que você pode definir qualquer meta que deseje alcançar e que efetivamente a atinge.
(moksha)

Imagine que você está livre das suas compulsões e padrões de comportamento habituais.
(moksha)

Imagine que você está livre de todos os vícios.
(moksha)

Imagine que você nunca participa de fofocas.
(moksha)

Imagine que você está livre para responder a partir do nível mais elevado, independentemente da situação e do comportamento das outras pessoas.
(moksha)

Imagine que não existem limitações para o que você é capaz de manifestar.
(moksha)

Imagine que você consegue perceber infinitas possibilidades em qualquer ocasião.
(moksha)

13

O SEXTO PRINCÍPIO: CELEBRE A DANÇA DO COSMO

SUTRA: Shiva-Shakti

Estou criando os deuses e as deusas dentro de mim; eles expressam por meu intermédio todos os atributos e poder que possuem.

O sexto princípio nos estimula a viver plenamente a vida abraçando os aspectos masculinos e femininos do nosso ser.

Uma das maneiras de abarcar esses dois aspectos é invocar os arquétipos masculinos e femininos. De acordo com Carl Jung, os arquétipos são memórias hereditárias representadas na mente como símbolos universais e podem ser observados nos sonhos e nos mitos. Eles são estados de consciência. São concentrações universais de energia psíquica.

Os arquétipos existem como potencial e jazem adormecidos na consciência. Todo mundo possui pelo menos um arquétipo, que permanece em repouso até ser despertado por alguma situação no ambiente ou na vida mental consciente ou inconsciente da pessoa. Uma vez despertado, o arquétipo manifestará através de nós os seus poderes e atributos. O que você faz com a sua vida é em geral, até certo ponto, uma representação da combinação dos seus arquétipos. É provável, por exemplo, que uma pessoa que exerça um poder extraordinário no mundo, como um rei ou um presidente, tenha Zeus ou Hera como arquétipos de poder e liderança. No entanto, se essa pessoa também for excepcionalmente sábia, ela também pode ter Atena como um arquétipo de sabedoria.

É possível despertar conscientemente o seu arquétipo por meio da intenção. Assim que descobrir seus principais arquétipos, você pode começar a chamá-los diariamente. Cerque-se de símbolos, palavras ou representações que o façam recordar os seus arquétipos. Coloque os símbolos perto da cama para que sejam a primeira coisa que você vê quando acorda pela manhã. Peça aos seus arquétipos que o orientem e lhe transmitam a sabedoria que possuem, solicitando ainda que eles se tornem parte de você e atuem por seu intermédio. Você pode dizer isso de uma maneira simples, como: "Peço que vocês se tornem parte de mim e trabalhem através de mim. Orientem-me no caminho da vida."

Se chamar seus arquétipos dessa maneira logo depois da meditação diária, começará a sentir a presença deles de uma forma mais forte e direta. Eles podem proporcionar-lhe o acesso às forças que estão ocultas dentro de você.

Décimo Primeiro Exercício: ENCONTRANDO O COSMO INTERIOR

Grave o trecho que se segue em uma fita e toque-a depois.

Sente-se ou deite-se em uma posição confortável, de olhos fechados. Aquiete o diálogo interior observando a respiração.

Após alguns minutos, leve a atenção para o coração. Visualize-o como uma esfera de luz palpitante. Nela, visualize dois ou três seres divinos ou energias arquetípicas. Podem ser anjos, deuses ou deusas. Visualize agora o resto do seu corpo também como um corpo de luz. Imagine agora, lentamente, que esse corpo de luz com a sua esfera palpitante de seres divinos está se expandindo até preencher totalmente o aposento no qual você se encontra sentado ou deitado. Deixe que essa expansão avance além dos limites do cômodo de modo que você não esteja mais no aposento e sim ele em você. Dê seguimento ao processo de expandir o seu corpo de luz para que toda a cidade onde você mora exista dentro do seu ser – os prédios, as pessoas, o trânsito e a região rural.

Continue a expandir seu senso do eu de modo a incluir no seu ser físico o estado onde você vive, o seu país e, finalmente, todo o planeta. Veja agora que o mundo inteiro existe em você. Todas as pessoas, todos os outros seres sencientes, as árvores e as florestas, os rios e as montanhas, a chuva e a luz do sol, a terra e a água são diferentes componentes do seu ser, exatamente como diferentes órgãos do seu corpo.

Diga agora tranqüilamente para si mesmo: "Não estou no mundo; o mundo está em mim." Peça aos seres divinos que ainda dançam na sua esfera palpitante do coração para corrigir quaisquer desequilíbrios que você possa perceber no seu mundo. Peça a eles que satisfaçam qualquer desejo que você tenha e tragam harmonia, beleza, alegria e a cura para as diferentes partes do seu eu cósmico. Continue a expandir o seu senso do eu para que ele inclua planetas e luas, estrelas e galáxias.

Diga agora aos seus botões: "Não estou no universo; o universo está em mim." Comece lentamente a diminuir o tamanho do seu eu cósmico até poder, uma vez mais, experimentar o seu eu pessoal. Imagine trilhões de células no seu corpo pessoal que fazem parte de uma dança, cada célula sendo em si mesma um universo. Lembre-se de que o seu verdadeiro ser habita todos esses níveis de criação, do microcosmo ao macrocosmo, do átomo ao universo, do seu corpo pessoal ao seu corpo cósmico. Lembre-se de que em cada um desses níveis da sua existência existem disponíveis para você as energias divinas que dirigem não-localmente a dança cósmica, para criar a interação harmoniosa dos elementos e das forças capazes de satisfazer qualquer desejo. Expresse sua gratidão a essas energias arquetípicas.

Permaneça agora tranqüilamente sentado ou deitado, sentindo as sensações no seu corpo. Você pode sentir um formigamento ou ficar animado. Após dois ou três minutos, abra os olhos. O exercício está terminado.

Afirmações do Sutra para o Sexto Princípio

Imagine que você tem o poder de mudar de forma.
(Shiva-Shakti)

Imagine que você pode ser tanto masculino quanto feminino, se assim o desejar.
(Shiva-Shakti)

Imagine que você é forte, decidido, corajoso, eloqüente e poderoso.
(Shiva-Shakti)

Imagine que você é belo, sensual, intuitivo, protetor e carinhoso.
(Shiva-Shakti)

Imagine que você é tão estável quanto uma montanha.
(Shiva-Shakti)

Imagine que você é tão flexível quanto o vento.
(Shiva-Shakti)

Imagine que você é um anjo com asas.
(Shiva-Shakti)

Imagine que você é um ser iluminado possuidor de uma compaixão infinita.
(Shiva-Shakti)

Imagine que você é um ser divino de Deus que se diverte nas esferas celestes.
(Shiva-Shakti)

Imagine novamente que você tem o poder de mudar de forma, que pode se transformar em qualquer animal, pássaro, inseto, planta ou até mesmo em uma pedra.
(Shiva-Shakti)

Imagine que todos os seres míticos residem em você, embora alguns deles sejam os seus arquétipos favoritos.
(Shiva-Shakti)

Imagine que você pode se tornar os heróis e heroínas que mais admira.
(Shiva-Shakti)

14

O SÉTIMO PRINCÍPIO: ENTRANDO EM CONTATO COM A CONSPIRAÇÃO DE IMPROBABILIDADES

SUTRA: Ritam

Estou alerta, desperto para as coincidências e sei que elas são mensagens de Deus. Sigo o fluxo da dança cósmica.

O sétimo princípio incorpora todos os outros aspectos do sincrodestino para formar uma abordagem da vida proveniente da consciência tranqüila.

Ritam quer dizer "estou alerta à conspiração de improbabilidades".

Cada evento possui uma chance particular de acontecer, ou probabilidade. A probabilidade de se ganhar a loteria é muito baixa. A probabilidade de se ganhar a loteria sem jogar é ainda menor.

Maximizamos a probabilidade de que algo irá acontecer por meio das nossas ações e muitas delas são determinadas pelo condicionamento cármico, ou seja, as interpretações das experiências e relacionamentos passados que formam e afetam as memórias e desejos da nossa vida. Se tivermos tido experiências passadas nas quais tivemos sorte, a probabilidade de comprarmos um bilhete de loteria aumenta. No entanto, uma pessoa que nunca tenha ganhado nada sente-se derrotada até mesmo antes de comprar o bilhete e poderá nunca vir a comprar um.

Por conseguinte, a fim de mudar sua vida, você precisa se libertar da sua condição cármica atual. Tem de modificar a maneira como interpreta o que acontece na sua vida. Precisa se transformar na pessoa para quem é maior a probabilidade de grandes coisas acontecerem. E essa transformação começa no nível da alma, pois é ela que confere significado aos eventos. A alma age influenciando a nossa mente. E para cada ação, existe uma memória, uma interpretação. O significado, a experiência, a interpretação, a memória e o desejo estão intimamente ligados através do ciclo cármico.

Nós nos acostumamos a uma certa maneira de fazer as coisas e damos seguimento a esse padrão por força do hábito, apenas porque é cômodo. A fim de mudar a sua vida, você precisa descobrir uma maneira de romper o padrão. Isso não é fácil, mas algumas pessoas o fazem todos os dias. A melhor maneira de fazê-lo é ficar atento a indícios de novas probabilidades e eles chegam até nós sob a forma de coincidências.

Essas são mensagens da esfera não-local, convites para que rompamos nossos vínculos cármicos. As coincidências são um salto quântico criativo no comportamento do próprio universo. Como o conhecido é em si um hábito de condicionamento passado, a criatividade e a liberdade existem no desconhecido – qualquer coisa que transponha a amplitude de probabilidade determinada pelo carma. É por esse motivo que é importante procurar as coincidências, manter um registro delas. Quando você percebe as coincidências, pode descobrir o significado oculto delas para a sua vida.

A coincidência é, por definição, uma experiência sincrônica. Ela tem origem na esfera não-local e afeta nosso mundo de maneiras imprevisíveis. O fato de ela ser uma coincidência significa que é uma mensagem de Deus. Precisamos ficar atentos e a seguir entrar em ação. Essa é a oportunidade que temos de ter uma resposta criativa. A meta da iluminação é ir além do padrão da probabilidade e experimentar a verdadeira liberdade. Por esse motivo é importante jamais deixar de tomar conhecimento da coincidência. Nunca deixe passar a oportunidade de verificar o que o universo planejou para você. E se prestar atenção às coincidências, descobrirá que elas se aceleram, criando um número ainda maior de oportunidades.

Esse é o segredo do sincrodestino. Todas as idéias aqui apresentadas são os princípios dominantes do universo. Se você torná-los as diretrizes de sua vida, a vida dos seus sonhos se concretizará. Compreender que esses princípios não são apenas abstrações, que eles estão efetivamente atuando em tudo que fazemos, é na verdade mais do que uma percepção. Trata-se de uma espécie de celebração. Quando você domina o sincrodestino, quando aprende a sincronizar sua vida com o universo, está celebrando a dança cósmica.

Décimo Segundo Exercício: ENCAIXANDO TUDO

Vá para um lugar muito agitado, como um shopping, por exemplo. Compre algo para comer no setor de alimentação. Sente-se em um banco. Feche os olhos. Prove a comida, sinta o cheiro e a textura dela o mais atentamente possível. Continue de olhos fechados e preste atenção a todos os sons do seu ambiente imediato. Que música está tocando ao fundo? Cânticos natalinos? A trilha sonora de um filme? Você é capaz de se sintonizar com a conversa das pessoas à sua volta? Consegue ouvir frases e palavras esparsas? Alguns sons lhe parecem mais atraentes ou chamam a sua atenção mais do que outros?

Leve agora a atenção para o corpo e sinta tudo que o cerca. Experimente a dureza ou a maciez do banco ou do sofá; ele é de madeira, de metal ou de tecido?

Abra os olhos e observe o cenário à sua volta, as pessoas que passam, as cores, as lojas, os artigos nas vitrines e as galerias de arte.

Feche os olhos e, na imaginação, observe novamente o que experimentou: os sabores, os odores, as texturas, as cores e os objetos que viu, os sons que você ouviu. Escolha um item de cada uma das suas experiências sensoriais. Como por exemplo: o sorvete de morango na língua, o cheiro do pão que está assando, a sensação de pedras ásperas debaixo dos seus pés, um belo quadro do sol se pondo atrás das montanhas, cânticos natalinos e a trilha sonora do filme *Goldfinger* de James Bond. Diga aos seus botões que todos esses sons, odores, texturas e sabores fazem parte de uma história. Pergunte a si mesmo qual é a história. Peça ao seu eu não-local que revele a história para você. Agora relaxe e acredite que o seu eu não-local fornecerá a resposta sob a forma de uma experiência sincrônica.

O exercício que acabo de descrever é um exemplo real de uma experiência que tive em um shopping na época do Natal. Um ano depois, eu estava na Jamaica e tinha ido dar um passeio de carro pela região rural. Vi uma cena muito semelhante à do quadro: um belo pôr-do-sol em uma montanha à beira-mar. Tomei informações e descobri que o lugar se chamava Strawberry Hill, o local onde tinha sido filmado *Goldfinger* de James Bond. Decidi visitar um lindo hotel de Strawberry Hill, onde havia um luxuoso spa. O diretor do spa ficou encantado em me conhecer e comentou que estivera me procurando durante várias semanas porque deseja informações sobre terapias ayurvédicas. Acabamos conversando a respeito de uma colaboração mútua. Vários anos depois, também vim a conhecer o dono do hotel, que era um dos executivos de uma gravadora. Ele marcara uma consulta comigo porque a esposa estava doente e ficamos bons amigos. Ele me ofereceu excelentes conselhos quando produzi meu primeiro CD de música com meditações de cura. Passados muitos anos, essas amizades continuam a evoluir e nos sentimos ligados uns aos outros no espírito do amor; sabemos possuir uma conexão cármica.

Afirmações do Sutra para o Sétimo Princípio

Imagine que você acompanha os impulsos de um universo consciente.
(ritam)

Imagine que você dança segundo o ritmo do universo.
(ritam)

Imagine que os ritmos do seu corpo estão em perfeita ordem.
(ritam)

Imagine que seu corpo é uma sinfonia.
(ritam)

Imagine que você está em harmonia com o universo.
(ritam)

Imagine que todas as vezes que você busca alguma coisa, o universo fornece pistas sob a forma de coincidências.
(ritam)

Imagine que existe uma conexão entre o que acontece nos seus sonhos e o que ocorre quando você está desperto.
(ritam)

Imagine que você está evoluindo e se transformando em um ser superior.
(ritam)

Imagine que existe significado e propósito
em tudo que acontece e em tudo que você faz.
(ritam)

Imagine que você tem uma contribuição
a fazer no mundo.
(ritam)

Imagine que a vida é repleta
de coincidências.
(ritam)

Imagine que você nota o que outras pessoas
talvez não percebam.
(ritam)

Imagine que você enxerga o significado oculto
por trás dos eventos.
(ritam)

Imagine que a vida está repleta de
experiências extremas.
(ritam)

Imagine que você possui talentos especiais que
usa para servir e ajudar os outros.
(ritam)

Imagine que todos os seus relacionamentos são
confortantes e alegres.
(ritam)

Imagine que você se encanta com o
humor e a diversão.
(ritam)

15

VIVENDO O SINCRODESTINO

Gostaria de voltar à pergunta que fiz no início do livro. Se você soubesse que os milagres poderiam acontecer, quais você pediria?

A maioria das pessoas sonha primeiro em ter bastante dinheiro. Ter um bilhão de dólares no banco certamente significaria menos ansiedade financeira. Temos a tendência de pensar que uma vez que tivéssemos esse tipo de segurança, estaríamos livres para escolher a vida que nos faria mais felizes, que satisfaria nossas necessidades interiores, que marcaria nossa permanência na terra como sendo de alguma maneira valiosa. Se você soubesse que poderia ter tudo e fazer qualquer coisa que quisesse, o que escolheria ter e fazer?

O sincrodestino possibilita que você faça esses milagres acontecerem, sem limites, interminavelmente. E ele faz isso cutucando-o delicada e progressivamente, e conduzindo-o da esfera local para a não-local. Quando vivemos apenas na esfera local, ficamos pobres. Nossa conta corrente espiritual fica vazia. Na esfera local, onde a maioria de nós reside o tempo todo, nunca sabemos o que vai acontecer a seguir. Vamos conseguir chegar ao fim do dia, da semana, do mês? Nela, suas ações portarão o fardo da ansiedade. Seus pensamentos serão perturbados pela dúvida, e suas intenções serão bloqueadas pelas preocupações do ego.

O fato de usar o sincrodestino para entrar em contato com a esfera não-local possibilita que você entre em uma esfera de criatividade e correlação infinitas. Nela, você está interiormente seguro, você se liberta da ansiedade e fica livre para ser a pessoa que foi destinada a ser. Você possui o equivalente espiritual de um bilhão de dólares no banco. Na esfera não-local, você tem um suprimento ilimitado de conhecimento, inspiração, criatividade e potencial. Tem acesso a um suprimento infinito de tudo o que o universo tem a oferecer. Independentemente do que possa acontecer na sua vida, você permanece calmo, seguro e infinitamente abençoado.

Os princípios do sincrodestino oferecem um caminho direto para que você desenvolva uma conexão com a esfera não-local. Pratique a meditação e reveja as Afirmações do Sutra diárias, e com o tempo se verá conectado ao espírito de uma forma que tornará os milagres não apenas possíveis como também uma parte natural da sua vida cotidiana.

Como qualquer outra jornada que valha a pena, viver o sincrodestino exigirá algum sacrifício da sua parte. Você precisará sacrificar suas idéias errôneas de que o mundo funciona como uma máquina bem lubrificada desprovida de consciência. Terá de sacrificar a noção de que está sozinho no mundo. Precisará sacrificar o mito que diz que uma vida mágica é impossível. Algumas pessoas vivem o tempo todo uma vida mágica. Elas aprenderam como voltar a entrar em contato com a energia ilimitada que jaz no âmago do universo. Aprenderam a ficar atentas a pistas que conduzem à intenção da esfera não-local que se expressa por meio de coincidências, bem como a extrair significado dessas pistas para que possam saber que ações são necessárias para aumentar a probabilidade de que coisas maravilhosas aconteçam.

O SINCRODESTINO E OS ESTADOS DE CONSCIÊNCIA

De acordo com o Vedanta, existem sete estados de consciência, porém muitos deles não foram totalmente investigados pelos pesquisadores modernos da área médica. Na verdade, alguns desses estados não são nem mesmo reconhecidos pela ciência tradicional. Na Índia, um dos maiores videntes do século XX, Sri Aurobindo, disse que por nos encontrarmos em um estágio muito primitivo da evolução humana, a maioria das pessoas só experimenta os três primeiros estados de consciência: o sono, o sonho e o estado desperto. Um dia reconheceremos e compreenderemos os estados mais expandidos de consciência, e quando o fizermos, conceitos como o sincronismo, a telepatia, a clarividência e o conhecimento das vidas passadas serão habitualmente aceitos.

Cada um dos sete estados de consciência representa um aumento na nossa experiência de sincronismo e cada estado progressivo nos leva para mais perto do ideal da iluminação. Todo mundo experimenta os três primeiros. Lamentavelmente, a maioria das pessoas nunca ultrapassa esses três estados básicos.

O primeiro nível de consciência é o sono profundo. Nele, ainda percebemos alguma coisa, ou seja, reagimos a estímulos como o som, a luz intensa e o toque, mas quase todos os nossos sentidos estão embotados e existe muito pouca cognição ou percepção.

O segundo estado de consciência é o sonho. Durante os sonhos, estamos um pouco mais despertos e alertas do que durante o sono profundo. Quando sonhamos, temos experiências. Vemos imagens, ouvimos sons. Até mesmo pensamos nos sonhos. Enquanto estamos sonhando, o mundo dos sonhos parece real, importante e relevante. Somente depois que acordamos é que reconhecemos o sonho como uma realidade que estava restrita àquele momento particular em que estávamos sonhando, realidade essa que talvez não seja diretamente relevante para a nossa vida quando estamos acordados.

O terceiro estado de consciência é o estado desperto. Esse é o estado no qual quase todos passamos a maior parte do tempo. Quando comparamos a atividade cerebral mensurável durante o estado de consciência desperto constatamos que ela é bem diferente da que tem lugar durante o sono profundo e o sonho.

O quarto estado de consciência ocorre quando efetivamente vislumbramos a alma, quando transcendemos, quando ficamos, mesmo que pela fração de um momento, absolutamente imóveis e quietos, e nos conscientizamos do observador que existe dentro de nós. Esse estado de consciência ocorre durante a meditação, quando experimentamos a interrupção, o momento tranqüilo entre os pensamentos. As pessoas que praticam regularmente a meditação têm essa experiência sempre que meditam e, como resultado, o estado do eu delas se expande.

O quarto estado de consciência também produz os seus próprios efeitos fisiológicos. Os níveis de cortisol e adrenalina aumentam. O estresse se reduz. A pressão sangüínea cai e a função imunológica apresenta uma melhora. Os pesquisadores do cérebro demonstraram que quando experimentamos o intervalo entre os pensamentos, a atividade cerebral é muito diferente da que tem lugar quando estamos meramente acordados e alertas. Isso significa que vislumbrar a alma produz mudanças fisiológicas tanto no cérebro quanto no corpo. Nesse quarto estado de consciência, assim como podemos vislumbrar a alma, também podemos entrever os primórdios do sincronismo.

O quinto estado de consciência é chamado de consciência cósmica. Nesse estado, o espírito pode observar o corpo material. A percepção vai além de simplesmente estar desperta no corpo, além de simplesmente vislumbrar a alma, para estar desperta e alerta com relação ao nosso lugar como parte do espírito infinito. Mesmo quando o corpo está dormindo, o espírito – o observador silencioso – está contemplando o corpo no seu sono profundo, quase como se estivéssemos tendo uma experiência fora do corpo. Quando isso acontece, há uma percepção alerta que tudo vê, não apenas quando estamos dormindo e sonhando, mas também quando estamos completamente despertos. O espírito está observando e nós somos o espírito. O observador pode observar o corpo enquanto este está sonhando e ao mesmo tempo espreitar o sonho. A mesma experiência ocorre na consciência desperta. O corpo pode estar jogando uma partida de tênis, falando ao telefone ou assistindo à televisão. O tempo todo o espírito está observando o corpo/mente nessas atividades.

O quinto estágio é chamado de consciência cósmica porque nossa percepção encerra simultaneamente duas qualidades: a local e a não-local. Nesse estado, quando sentimos uma conexão com a inteligência não-local, o sincronismo realmente começa a se manifestar. Compreendemos que uma parte de nós está localizada e outra parte, por ser não-local, está ligada a todas as coisas. Vivemos plenamente nossa inseparabilidade com relação a tudo o que existe. A intuição se desenvolve. O discernimento aumenta. As pesquisas demonstram que depois que as pessoas alcançam um estado de consciência cósmica e têm essa experiência de tudo testemunhar, suas ondas cerebrais passam a possuir a qualidade da meditação mesmo quando estão envolvidas em alguma atividade. Essas pessoas podem estar jogando futebol, mas as suas ondas cerebrais são idênticas às de uma pessoa que esteja meditando.

O sexto estado de consciência é chamado de consciência divina. Nesse estado, a testemunha se torna cada vez mais desperta. Na consciência divina, não apenas sentimos a presença do espírito em nós, como também começamos a sentir esse mesmo espírito em todos os outros seres. Vemos a presença do espírito nas plantas. Finalmente sentimos a presença do espírito nas pedras. Reconhecemos que a força revigorante da vida se expressa em todos os objetos do universo tanto no observador quanto no que é observado, no que vê e no cenário. Essa consciência divina nos permite enxergar a presença de Deus em todas as coisas. As pessoas em um estado de consciência divina são até mesmo capazes de se comunicar com os animais e as plantas.

Esse não é um estado de consciência constante no caso da maioria dos seres humanos. Entramos e saímos dele. No entanto, todos os grandes profetas e videntes, inclusive Jesus Cristo, Buda, muitos iogues e um grande número de santos, viveram na consciência divina.

O sétimo e último estágio de consciência, a meta suprema, é chamado de consciência unitária. Ela também pode ser denominada iluminação. Na consciência unitária, o espírito naquele que percebe e o espírito no que é percebido se fundem e se tornam um só. Quando isso acontece, vemos o mundo inteiro como uma extensão do nosso ser. Não apenas nos identificamos com a nossa consciência pessoal, como também compreendemos que o mundo é uma projeção do nosso eu. O eu pessoal se transforma completamente no eu universal. Nesse estágio, os milagres são lugar-comum, mas não são nem mesmo necessários porque a esfera infinita de possibilidades está disponível a cada momento. Transcendemos a vida. Transcendemos a morte. Somos o espírito que sempre existiu e sempre existirá.

COMO ATRAVESSAR OS ESTÁGIOS DA CONSCIÊNCIA

O sincrodestino acelera nossa habilidade de avançar através dos estágios da consciência por meio de quatro abordagens. A primeira, e mais importante, é a meditação diária. A meditação nos permite vislumbrar a alma nos intervalos entre os pensamentos e descobrir o observador silencioso que existe dentro de nós. É o passo que nos possibilita avançar do terceiro para o quarto estado de consciência, de estar meramente despertos para estar despertos e conscientes da alma.

A segunda abordagem envolve a prática da recapitulação descrita no Capítulo 5. A recapitulação nos possibilita cultivar o observador silencioso capaz de nos conduzir do quarto ao quinto estado de consciência. Ela nos permite reconhecer que parte do que era real durante o dia agora já é parte do sonho, assim como a realidade de um sonho se desvanece quando despertamos. O simples fato de você dizer a si mesmo: "Vou presenciar os meus sonhos", possibilita que experimente o que as pessoas chamam de "sonho lúcido". Logo você pode se tornar o coreógrafo e o diretor dos seus sonhos, modificando-os enquanto segue adiante. Se recapitular as horas em que passa acordado e os seus sonhos, acabará começando a ter a experiência de presenciar tanto os sonhos quanto os momentos em que está desperto.

A terceira abordagem envolve alimentar os relacionamentos, experimentando-os como a ligação do espírito com o espírito, e não do ego com o ego. Essa atitude favorece o avanço para o sexto estado de consciência. Abandonar a necessidade de aprovação e de controlar as situações acelera esse processo. Quando as pessoas estão verdadeiramente em sintonia uma com a outra, experimentam o sincronismo no seu relacionamento. A quarta abordagem requer a leitura dos sutras. De acordo com a minha experiência, se lermos a mesma frase, o mesmo sutra, todos os dias, a frase começará a adquirir novos significados e produzir novas experiências à medida que a consciência se expande. A sabedoria védica sustenta que: "O conhecimento é diferente nos diferentes estados de consciência." À medida que a sua consciência se expande, a mesma frase começa a assumir novas nuanças de significado, que por sua vez dão origem a um entendimento mais profundo. Este influencia a maneira como você vivencia o mundo e essas experiências podem influir no seu estado de consciência. Com o tempo e a prática, você aprenderá a ver o mundo de maneiras que nunca julgou possíveis, repleto de magia e milagres, satisfazendo todos os seus desejos mais íntimos.

O QUE ESPERAR DO SINCRODESTINO

Embora as idéias apresentadas neste livro possam ser o início de toda uma vida de evolução e realização pessoal, cabe a você escolher penetrar ou não a conspiração de improbabilidades e encontrar o tesouro oculto que se encontra atrás dela. Pode começar a trilhar o caminho do sincrodestino como uma maneira de conseguir riqueza, de ter relacionamentos mais significativos ou de alcançar o sucesso profissional. O sincrodestino certamente pode fazer tudo isso para você, mas a meta suprema do sincrodestino é expandir a consciência e abrir uma porta para a iluminação. Aproveite a jornada. Cada estágio traz novos portentos, novas maneiras de perceber e viver no mundo. Pense no sincrodestino como uma espécie de renascimento ou despertar. Assim como os dias que você passa acordado são imensamente diferentes e mais estimulantes do que o estado de sono profundo, o despertar para o quinto, sexto ou sétimo estados de consciência oferece uma expansão daquilo que você é capaz de experimentar. Por meio do sincrodestino, você poderá se tornar a pessoa que o universo planejava que você fosse, ou seja, tão poderoso quanto o desejo, tão criativo quanto o espírito. Você só precisa estar ansioso para participar da dança cósmica e disposto a buscar os milagres da alma.

Tão logo esses milagres começarem a se intensificar como parte da sua experiência de vida, você passará a compreender que o sincrodestino é apenas o sintoma de um fenômeno mais profundo, que é uma mudança na sua identidade e um despertar para quem você realmente é. Também vai compreender que o verdadeiro você não é de modo algum uma pessoa e sim um campo de inteligência no qual a pessoa com a qual você se identificou, todas as outras pessoas, bem como o ambiente no qual elas existem surgem e evoluem juntos como resultado das próprias interações. Você já não pensa no universo como a soma de partículas separadas e distintas e sim como uma totalidade coerente, inteira, na qual a personalidade com a qual você se identifica atualmente, todas as outras personalidades e os pensamentos de todas elas são padrões mutuamente interdependentes que se interpenetram – um comportamento singular do seu eu não-local. Você é o mistério luminoso no qual surge e declina o universo com todas as formas e fenômenos dele. Quando compreende esse fato, o seu eu pessoal se transforma completamente no seu eu universal e tem lugar o conhecimento experimental da imortalidade, a perda total do medo, inclusive do temor à morte. Você se tornou um ser que irradia amor da mesma maneira que o sol irradia luz. Você finalmente chegou ao lugar no qual a sua jornada começou.

O eu local é um comportamento transiente e impermanente do eu não-local. Ele vem e vai enquanto o eu não-local continua a evoluir para experiências superiores de abstração e criatividade.

Não chore ao pé do meu túmulo,
Pois não estou lá.
Não durmo.
Sou mil ventos que sopram,
Sou o reluzir do diamante na neve,
Sou a luz do sol sobre o grão maduro,
Sou a chuva amena do outono.
No suave silêncio da luz da manhã
Sou o pássaro que voa célere.
Não chore ao pé do meu túmulo,
Não estou lá,
Não morri.

— DE AUTORIA DE UM ÍNDIO AMERICANO DESCONHECIDO

EPÍLOGO

Você aprendeu neste livro práticas fundamentais para alcançar a realização espontânea dos seus desejos utilizando o poder infinito da coincidência, ou sincronismo. Essas técnicas, particularmente os sutras, são extraídas de uma das mais antigas tradições de sabedoria do mundo, o Vedanta. Em sânscrito, a palavra *veda* significa "conhecimento". O Vedanta é o apogeu, o zênite ou o objetivo de todo conhecimento. Em outras palavras, o Vedanta é o escol do Veda.

A premissa essencial desse antigo corpo de conhecimento é que o espírito, ou a consciência, é a realidade suprema. É a base do ser não-local, que se converte simultaneamente na realidade objetiva e subjetiva. Esta última existe como os nossos pensamentos, sentimentos, emoções, desejos, imaginação, fantasias, memórias e aspirações mais profundas. A realidade objetiva é o corpo físico e o mundo que experimentamos através dos sentidos. Essas duas realidades coexistem de um modo simultâneo e interdependente. Elas não são a causa uma da outra, mas entre elas existe uma dependência recíproca. Elas têm uma com a outra um *relacionamento acausal.* Assim como uma única célula no útero se diversifica e se converte em células cerebrais, células nervosas e células retinianas, e por meio delas nos proporciona uma experiência do mundo, o espírito não-local único se torna tanto o observador quanto o objeto da observação, os sentidos físicos e o mundo físico, o organismo biológico e o seu ambiente, os pensamentos e as emoções.

O seu mundo interno e o externo são parte de um contínuo, de um único campo de atividade unificada. O mundo exterior é um espelho de quem você é em um ponto particular do espaço-tempo. Muitas pessoas expressaram essa idéia de diferentes maneiras. Os mestres espirituais nos dizem que se quisermos conhecer o estado da nossa consciência pessoal, basta olhar em volta e examinar o que nos está acontecendo. Se você quiser conhecer o estado da consciência coletiva, basta dar uma olhada no que está acontecendo no mundo. Em qualquer ponto do tempo a sua realidade pessoal é sincrônica e coincidentemente organizada pelo seu senso do eu.

Se seu senso do eu for limitado, então se expressa como um corpo estanque e constringido, uma atitude amedrontada e um ambiente inseguro. Por outro lado, se ele for amplo, experimenta um corpo relaxado e um ambiente propício e aberto no qual as suas intenções se realizam sincronicamente. O eu abrangente sempre experimenta um sentimento de valor, sente-se em paz, livre e sem restrições, fluente, além de sentir uma admiração reverente pelo mistério da existência. O senso do eu também determina a atitude. A ganância, a ignorância, a agressividade e uma disposição exigente, descontente e infeliz derivam de um senso do eu limitado. Uma disposição solidária, humilde, confortante, acessível, cordial e satisfeita emana do eu abrangente.

No sentido mais largo do eu, uma massa crítica de pessoas nas sociedades, comunidades e instituições também determina a atitude desses corpos mais amplos. Quando uma cultura possui uma identidade limitada, enfatiza a obtenção de lucros, a competição implacável, o imperialismo econômico, o extremo nacionalismo, o conflito militar, a violência e o medo. Se uma massa crítica de pessoas expressasse o seu eu mais abrangente, elas não apenas realizariam espontaneamente seus desejos pessoais, como também modificariam a maneira como a cultura se articula. Nessa cultura transformada, a ênfase recairia no servir e não na ganância, na cooperação e não na competição, em abrir corações e não apenas mercados. Os símbolos culturais seriam a resolução não-violenta de conflitos, a compaixão, a humildade, a paz, e a justiça social e econômica.

Se examinarmos o mundo de hoje, veremos uma complexa hierarquia de eventos que surgem de forma interdependente. Os cientistas sociais afirmam que o nosso comportamento coletivo está criando um ambiente insustentável devido ao esgotamento das florestas, dos minerais e dos combustíveis fósseis, gerando outras conseqüências devastadoras como o efeito estufa, a mudança dos padrões atmosféricos, furacões e marés oceânicas cada vez mais altas. Aparentemente, esses diferentes eventos não parecem estar relacionados, mas na verdade estão. São o resultado do nosso senso do eu coletivo limitado e surgem de um modo sincrônico e simultâneo. Os conflitos religiosos, a poluição, o terrorismo, o esgotamento da camada superficial do solo, as usinas nucleares, o vício das drogas, a extinção das espécies, a pobreza, o crime, a guerra do tráfico, a indústria de armamentos, as inundações e a fome, produtos químicos perigosos na cadeia alimentar e as guerras estão relacionados de uma forma acausal.

Se cada um de nós conseguisse desejar ardentemente expressar o seu eu mais amplo, e se fôssemos capazes de compartilhar o conhecimento e a experiência desse eu uns com os outros, talvez pudéssemos criar um ambiente baseado no respeito pela vida e conseguíssemos restabelecer o equilíbrio nos oceanos, nas florestas e na vida selvagem. Esse ambiente transformado daria origem, por sua vez, ao surgimento simultâneo de eventos que conduziriam a um mundo completamente novo. Nesse planeta ideal, encontraríamos paz de espírito, o sentimento do sagrado, as parcerias econômicas e a prosperidade, indústrias de energia eficientes e limpas, o conhecimento científico da nova realidade, o florescimento das artes e da filosofia, e uma verdadeira consciência da nossa condição inseparável. Nessa sociedade, veríamos claramente que o amor é a força suprema no âmago do universo.

A capacidade de realizar espontaneamente nossos desejos é diretamente proporcional à experiência que temos do nosso eu não-local. Embora as tradições de sabedoria, particularmente o Vedanta, nos forneçam um profundo conhecimento da natureza da realidade não-local, apenas recentemente os cientistas começaram a explorar essa esfera da existência. Do começo ao fim do livro enfatizei essa nova base científica para o entendimento do sincronismo e da realização espontânea do desejo. A Chopra Foundation está ativamente envolvida em estudos nos quais colabora com cientistas para explorar ainda mais a base científica da não-localidade.

Segue-se uma lista subjetiva de referências escolhidas como leitura complementar sobre a não-localidade. Alguns itens, inclusive certas publicações científicas, são bastante técnicos e pode ser difícil entendê-los sem uma base científica. Outras fontes, como o livro *Healing Words,* de Larry Dossey, são bem acessíveis. Em ambos os casos, a lista é apresentada na esperança de que você irá usá-la para aprofundar seu conhecimento do mundo onde estamos todos instantaneamente conectados, onde somos, na verdade, uma unidade inseparável.

REFERÊNCIAS SOBRE A NÃO-LOCALIDADE

Astin, J. A., Harkness, E. e Ernst, E. (2000). "The efficacy of 'distant healing': a systematic review of randomized trials." [A eficácia da 'cura a distância': uma análise sistemática de tentativas aleatórias.] *Ann Intern Med 132*(11), 903-910.

Bastyr University of Washington and the Chopra Center on Neural Energy Transfers Between Individuals Who Have Undergone Chopra Center for Well-Being Programs. [Publicação da Bastyr University of Washington e do Chopra Center sobre a Transferência de Energia entre Pessoas que Participaram dos Programas do Chopra Center for Well-Being.] As duas instituições colaboraram no projeto. *Comunicação privada.*

Braud, W. G. (1990). "Distant mental influence on rate of hemolysis of human red blood cells." [A influência mental a distância na taxa de hemólise dos glóbulos vermelhos do sangue humano]. *J Am Soc Psychical Res 84,* 1-24.

Braud W., Shafer. D. e Andrews, S. (1993). "Further studies of autonomic detection of remote starring: replications, new control procedures, and personality correlates." [Estudos adicionais sobre a detecção autônoma de *remote starring:* reproduções, novos procedimentos de controle e correspondentes de personalidade.] *J Parapsychol 57,* 391-409.

Byrd, R. C. (1988). "Positive therapeutic effects of intercessory prayer in a coronory care unit population." [Efeitos terapêuticos positivos da prece de intercessão na população de uma unidade coronariana.] *Southern Med J 81*(7), 826-829.

Delanoy, D. L. e Sah, S. (1994). "Cognitive and physiological psi responses to remote positive and neutral states." [Respostas parapsicológicas cognitivas e fisiológicas a estados positivos e neutros a distância.] Extraído das minutas de documentos apresentados na 37ª Convenção Anual da Associação de Parapsicologia, Amsterdã, Holanda, 128-138.

Dossey, L. (1993). *Healing Words: The Power of Prayer and the Practice of Medicine* [Palavras que curam: o poder da prece e a prática da medicina]. San Francisco: HarperCollins.

Grinberg-Zylberbaum J., Delaflor, M., Attie, L. e Goswami, A. (1994). "The Einstein-Podolsky-Rosen Paradox in the Brain. The Transferred Potential" [O paradoxo Einstein-Podolsky-Rosen no cérebro. O potencial transferido] (dissertações físicas). *Originais raros.*

Harris, W. S., Gowda, M., Kolb, J. W., Strachacz, C. P. Vacek, J. L., Jones, P. G., Forker, A., O'Keefe, J. H. e McCallister, B. D. (1999). "A randomized, controlled trial of the effects of remote intercessory prayer on outcomes in patients admitted to the coronary care unit." [Uma experiência aleatória e controlada dos efeitos da prece de intercessão a distância e as suas conseqüências nos pacientes internados na unidade coronariana.]

Krucoff, M. W. (2000). "Growing the path to the patient: an editorial outlook for alternative therapies." [Cultivando o caminho em direção ao paciente: uma perspectiva editorial das terapias alternativas.] *Altern Ther Health Med 6*(4), 36-37.

Krucoff, M., et al. (2001). "Integrative noetic therapies as adjuncts to percutaneous intervention during unstable coronary syndromes: monitoring and actualization of noetic training (MANTRA) feasibility pilot." [As terapias noéticas integradas como auxiliares à intervenção percutânea durante síndromes coronarianas instáveis: a monitoração e a efetivação do piloto de viabilidade do treinamento noético (MANTRA).] *American Heart Journal 142*(5), 760-767.

Kwang, Y. et al. (2001). "Does prayer influence the success of in vitro fertilization-embryo transfer?" [A prece influencia o sucesso da fertilização-transferência do embrião *in vitro*?] *J Repro Med 46*(9), 1-8.

Nash, C. B. (1982). "Psychokinetic control of bacterial growth." [O controle psicocinético do crescimento das bactérias.] *J Am Soc Psychical Res. 51,* 217-221.

Radin, D. I. (1997). *The Conscious Universe: The Scientific Truth of Psychic Phenomena.* [O universo consciente: a verdade científica sobre os fenômenos psíquicos.] Nova York: HarperEdge.

Schlitz, M. J. (1995). "Intentionality in healing: mapping the integration of body, mind, and spirit." [A intencionalidade na cura: delineando a integração do corpo, da mente e do espírito.] *Alternative Therapies 1*(5), 119-120.

__________. (1996). "Intentionality and intuition and their clinical implications: a challenge for science and medicine." [A intencionalidade, a intuição e as suas implicações clínicas: um desafio para a ciência e a medicina.] *Advances 12*(2), 58-66.

Schlitz, M. e Braud, W. (1991). "Consciousness interactions with remote biological systems: anomalous intentionality effects." [Interações da consciência com sistemas biológicos distantes: efeitos anômalos da intencionalidade.] *Subtle Energies 1,* 1-20.

__________. (1997) "Distant intentionality and healing: assessing the evidence." [A intencionalidade a distância e a cura: avaliando os indícios.] *Alternative Therapies 3*(6), 62-73.

Schlitz, M. e Harman, W. (1999). "The implications of alternative and complementary medicine for science and the scientific process." [As implicações da medicina alternativa e da medicina complementar para a ciência e o processo científico.] In: *Essentials of Complementary and Alternative Medicine.* Organizado por W. B. Jonas e J. S. Levin. Filadélfia: Williams & Wilkins.

Schlitz, M. e LaBerge, S. (1994). "Autonomic detection of remote observation: two conceptual replications." [A detecção autônoma de observações a distância: duas reproduções conceituais.] Extraído das minutas de documentos apresentados na 37ª Convenção Anual da Associação de Parapsicologia, Amsterdã, Holanda, 352-364.

Schlitz, M. e Lewis, N. (1996, verão). "The healing powers of prayer." [Os poderes de cura da prece.] *Noetic Sciences Review,* 29-33.

Schlitz, M., Taylor, E. e Lewis, N. (1998, inverno). "Toward a noetic model of medicine." [Em direção a um modelo noético de medicina.] *Noetic Sciences Review,* 45-52.

Schwartz, G. e Chopra, D. "Nonlocal anomalous information retrieval: a multi-medium multi-scored single-blind experiment." [A recuperação de informações anômalas não-locais: uma experiência cega simples com vários meios e múltiplas avaliações.] *Comunicação privada.*

Snel, F. W. e van der Sijde, P. C. (1994). "Information-processing styles of paranormal healers." [Estilos de informação-processamento de agentes de cura paranormais.] *Pshycol Rep 74*(2), 363-366.

Stapp, H. P. (1994). "Theoretical model of a purported empirical violation of the predictions of quantum theory." [Modelo teórico de uma suposta violação empírica dos prognósticos da teoria quântica."] *Am Physical Soc 50*(1): 18-22.

Targ, E. (1997). "Evaluating distant healing: a research review." [Avaliando a cura a distância: uma análise das pesquisas.] *Altern Ther Health Med 3*(6), 74-78.

__________. (2002). "Research methodology for studies of prayer and distant healing." [Metologia de pesquisa para estudos sobre a prece e a cura a distância.] *Complement Ther Nurs Midwifery 8*(1), 29-41.

Wilber K. (1996). *A Brief History of Everything.* [Uma Breve História de Todas as Coisas.] Boston: Shambhala.

Wirth, D. P. (1995). "Complementary healing intervention and dermal wound reepithelialization: an overview." [A intervenção complementar da cura e reepitelialização dos ferimentos dérmicos: um resumo.] *Int J Psychosom 42*(1-4), 48-53.

A Chopra Foundation, uma instituição sem fins lucrativos, associou-se a líderes do mundo inteiro para criar uma "aliança para a nova humanidade", baseada nos princípios que você aprendeu neste livro. Essa aliança inclui laureados do Prêmio Nobel, economistas e outras celebridades, e tem como meta "o despertar das redes neurais da mente planetária para criar uma massa crítica de consciência de paz". Esta última não é um ativismo contra a guerra e sim a base para manifestar o mundo que desejamos para nós mesmos e para as gerações futuras. Se você quiser ingressar em "células de paz" já existentes, ou criar as suas próprias células, visite o nosso website, www.chopra.com, e através dele visite o website da aliança. Esperamos sinceramente que você se junte a nós.

Compreender a natureza do eu não-local é uma tarefa ao mesmo tempo tão importante e impalpável que incluí os apêndices que se seguem para os leitores interessados em explorar um pouco mais esse assunto fascinante. O primeiro apêndice articula grande parte do que já aprendemos, mas desta feita nos deslocamos de uma perspectiva histórica e filosófica com raízes no antigo Oriente para as grandes civilizações da Grécia, de Roma e do Egito de outrora. Como sempre, ver as coisas a partir de um novo ponto de vista encerra bastante valor. O segundo apêndice usa uma história de um dos grandes textos védicos para ilustrar "aquilo que não pode ser visto mas torna possível a visão, aquilo que não pode ser conhecido mas torna possível o conhecimento, aquilo que não pode ser imaginado mas torna possível a imaginação".

Espero que você considere os acréscimos proveitosos.

– D. C.

APÊNDICE A

Nas páginas anteriores exploramos a maneira como o eu não-local se especializa no cosmo e também aprendemos a usar esse conhecimento de uma forma prática com vistas à realização espontânea do desejo. Com esse propósito, a tradição de sabedoria do Vedanta foi reinterpretada em uma estrutura científica moderna e contemporânea. Para que você, leitor, não pense que esse conhecimento existe apenas nas escolas esotéricas do Oriente, ofereço nos próximos parágrafos idéias bastante semelhantes extraídas da filosofia hermética, ou hermetismo, como também é conhecida, que chegaram até nós através dos séculos vindas das antigas escolas da Grécia, de Roma e do Egito.

O hermetismo é uma filosofia mística que lida com a magia, a alquimia e outras manifestações do mundo espiritual no material. A origem do conhecimento hermético recua a Hermes Trimegisto, a respeito de quem não sabemos muita coisa, nem mesmo a data ou lugar em que nasceu. Especialistas supõem que ele tenha vivido por volta de 2000 a.C. Muitos acham que ele foi um sacerdote egípcio, inventor da arte e da ciência que conhecemos no mundo ocidental. O mistério de Hermes Magistus – "o três vezes grande" – foi abordado tanto pelos místicos gregos quanto pelos romanos em vários documentos antigos. A mitologia o elevou à condição de um deus, talvez o deus da Lua, Thoth, com cabeça de íbis, o deus egípcio da cura, da inteligência e das letras. De acordo com a tradição, Thoth foi o arquiteto das grandes pirâmides de Gizé.

Nos últimos dois milênios, a sabedoria hermética tem sido um manancial para vários textos e ensinamentos gnósticos. Não está claro se eram originalmente ensinamentos de uma só pessoa ou, na verdade, a visão mística de vários videntes de origem grega, romana e egípcia. De qualquer modo, os preceitos fundamentais da filosofia hermética podem ser resumidos nas idéias ou princípios que se seguem.

O primeiro princípio é que tudo é uma manifestação do espírito. O espírito é o estado da existência que dá origem ao espaço, ao tempo, à causação, à matéria e à energia. O espírito é infinito e ilimitado, e contém todo o universo que experimentamos. Nada existe fora dele. O espírito é a origem de toda a cadeia da existência, de tudo o que existe. O universo surge do espírito, está contido nele e finalmente volta a desaparecer nele. Esse é o primeiro princípio, que nos fornece uma descrição bem clara da esfera não-local.

O segundo princípio diz que quando o espírito se manifesta, ele o faz de uma maneira que o todo está contido em cada parte. A ciência de hoje chama essa noção de modelo holográfico, ou seja, o todo está contido em cada parte. Assim como os átomos refletem o universo, o corpo humano reflete o corpo cósmico, e a mente humana, a mente cósmica. O que esta idéia significa? Ela propõe que em qualquer coisa que contemplemos, na verdade em toda coisa concebível que possamos imaginar, também existe a possibilidade latente de todas as coisas, de absolutamente tudo. Todo o universo está contido em cada ponto assim como o oceano inteiro está refletido em cada gota das suas profundezas. No Vedanta, esse princípio é expresso como: "O que está aqui está em toda parte e o que não está aqui não está em lugar nenhum."

Significa que não precisamos ir em busca de nada para encontrar a verdade. Ela está sempre presente, nos olhando de frente. Desse modo, quando nos perguntamos: "O fato de haver seres humanos aqui significa que existe vida em outros lugares do universo?", a resposta é que certamente existe. Explorar a molécula é como investigar a galáxia. Analogamente, tudo está contido na base do nosso ser. Rumi diz que todo o universo está contido dentro do nosso eu e esta é uma verdade fundamental. Segundo a literatura bíblica, o reino do Céu está dentro de nós. O tesouro está aqui, diante de nós. Jesus diz o seguinte no Novo Testamento: "Pedi e recebereis. Batei e a porta se abrirá. Procurai e encontrareis."

Nosso sistema educacional se baseia na acumulação de um número cada vez maior de informações, mas na verdade quanto mais informações reunimos, mais confusos ficamos e mais perdemos de vista a sabedoria que já é inerente em nós. Assim sendo, aprenda a buscar a verdade em si mesmo. Aprenda a bater na porta do seu próprio ser. Isso é conhecido como intuição, criatividade, visão e profecia. É por esse motivo que o sábio se concentra naquele que vê e não no cenário. Aquele que vê é o eu não-local.

O terceiro princípio afirma que tudo é vibração, que a consciência se compõe de várias freqüências de vibração, o que resulta em todas as formas e fenômenos do universo. Os seres humanos são campos de energia conscientes, junto com o resto do universo. Se você quiser mudar o mundo ao seu redor, só precisa modificar a qualidade da sua vibração; quando fizer essa modificação, a qualidade do que está à sua volta muda. Aliás, essa é razão pela qual os sutras funcionam. Eles fornecem uma maneira particular de criar uma certa vibração de espírito ou uma qualidade particular do eu não-local.

A situação, as circunstâncias, eventos e relacionamentos que você encontra na vida são um reflexo do estado de consciência no qual você se encontra. O mundo é um espelho. Se estiver apoiado no seu eu não-local, o mundo inteiro estará disponível para você.

O quarto princípio diz que apenas a mudança é constante. Tudo é impermanente. Agarrar-nos a qualquer coisa é como prender a respiração; se o fizermos durante um tempo suficientemente longo, sufocaremos. Em última análise, a única maneira de conseguir qualquer coisa no universo físico é desistir dela em vez de nos agarrarmos a ela.

Esse é um ponto muito delicado. Significa que os melhores resultados são alcançados quando nos concentramos no processo em vez de no resultado. O fato de nos concentrarmos no resultado gera ansiedade e estresse, o que interfere no fluxo espontâneo de inteligência enquanto ele se desloca da esfera não-manifestada (o espírito) para a manifestada (o mundo material). O fato de que apenas a mudança é constante significa que estamos sempre vivendo no desconhecido.

Tudo o que chamamos de conhecido é passado e a única coisa que podemos dizer com certeza a respeito dele é que ele não está mais aqui. O conhecido é a prisão do condicionamento passado. O desconhecido é sempre novo, que é a qualidade do campo de infinitas possibilidades. Os mestres zen, os praticantes das artes marciais e os grandes mestres espirituais sempre recomendaram que seguíssemos o fluxo. Ele é o campo de mudança. O que não muda se deteriora e morre. A mudança é a dança e o ritmo do universo. Ter uma intenção unidirecional, seguir o fluxo da mudança e não sentir apego pelo resultado. Essa é a mecânica da realização do desejo, que coordena o sincrodestino.

O quinto princípio diz que tudo, seja uma experiência, uma atitude ou um objeto, contém o seu oposto. Na verdade, seja o que for que você tenha agora, bom ou mau, encerra o seu complemento. Mesmo que esteja sofrendo uma profunda depressão, por exemplo, se você identificar o sentimento oposto – a alegria ou a gratidão – e prestar atenção nele, verá que ele começa a crescer na sua consciência. Retirar a atenção do desespero e colocá-la na felicidade efetivamente faz com que o novo sentimento floresça. Analogamente, se estiver dominado pelo êxtase, permaneça consciente de que o oposto dessa sensação caminha ao lado dela. Ao ficar atento a esse princípio, ou seja, que toda a criação se baseia na co-criação e na coexistência dos opostos, você pode usar a qualidade da sua atenção para trazer à luz qualquer aspecto da experiência que você deseje.

O sexto princípio afirma que tudo encerra um ritmo. O ciclo da vida fornece um exemplo clássico. A concepção é seguida pela gestação, nascimento, crescimento, maturidade, morte e renovação. Todas as coisas acontecem em ciclos. O sincronismo envolve reconhecer que os ciclos e as estações da vida estão coordenados com os ciclos e as estações do cosmo. De acordo com uma expressão chinesa: "Flores na primavera, a brisa no verão, as folhas no outono e a neve no inverno. Se você estiver em completa sintonia, essa é a melhor estação da sua vida." Quando estamos apoiados em uma percepção centrada na vida e voltada para o momento presente, estamos em contato com o nosso eu não-local, que coordena a dança do universo. Quando os nossos ritmos estão em harmonia com os ritmos do universo, o sincrodestino faz a sua mágica.

O sétimo princípio declara que todo evento possui causas infinitas que conduzem a uma infinidade de efeitos. O chamado "relacionamento de causa e efeito" não é linear. Exploramos esse princípio como o "surgimento interdependente", o fenômeno que nos permite usar o sincrodestino para enxergar os padrões por trás de cada evento.

O oitavo princípio postula que a energia criativa do universo também é refletida como energia sexual. Todas as coisas que existem têm origem nessa energia primordial. A criança nasce dela. A flor floresce e o fruto amadurece através dessa energia. Nada na criação é desprovido deste princípio. Nos seres humanos essa energia primordial se manifesta como paixão, animação e excitação. Quando estamos em contato com o nosso eu não-local, sentimo-nos espontaneamente entusiasmados e inspirados. A palavra *entusiasmo* contém duas raízes: "en" e "theos", o que significa ser uno com Deus ou o eu não-local. (A palavra *inspiração* analogamente significa "ser uno com o espírito".) Inspiração, entusiasmo, paixão e animação conferem energia às nossas intenções, acelerando a realização espontânea dos nossos desejos.

O nono princípio diz que podemos dirigir a energia primordial através do poder da atenção e da intenção. Como vimos, tudo em que colocamos a atenção (tornando-o dessa maneira o foco dessa energia) floresce. Tudo de onde retiramos a atenção começa a definhar. A atenção e a intenção são as chaves da transformação, seja de uma situação, circunstância, pessoa ou coisa. Os sutras neste livro são códigos que se destinam a desencadear e ativar a intenção e a atenção.

O décimo princípio declara que podemos alcançar a harmonia através das forças e elementos no cosmo que chamamos de masculinos e femininos. Uma filosofia hermética denominada "os princípios do gênero" propõe que a verdadeira paixão só pode ter lugar se houver um equilíbrio entre as forças masculinas e femininas no nosso ser. A energia masculina induz qualidades como a combatividade, a determinação, a ação e a coragem, ao passo que a energia feminina pode ser observada na apreciação da beleza, na intuição, no sentimento de apoio e proteção, no afeto e na ternura. As grandes obras de arte sempre contêm as interações harmoniosas do masculino e do feminino, do yin e do yang. O sutra *shiva-shakti* se destina a ativar as interações harmoniosas das energias arquetípicas masculinas e femininas do eu não-local.

O décimo primeiro princípio postula que a natureza interior de todos os seres, por mais maligna que possa parecer, é o amor, e que essa qualidade fundamental sempre pode ser revelada se expusermos o nosso próprio amor. O amor, portanto, não é um mero sentimento e sim a verdade suprema que existe no âmago de toda a criação. Ele é incondicional e ilimitado, e se irradia de nós quando estamos em contato com o eu não-local.

Esses onze princípios são, portanto, os preceitos da alquimia encontrados na obra de Hermes Trimegisto, no Vedanta e, na verdade, em todas as filosofias perenes da humanidade. Depois que absorvemos essas idéias, as atitudes, os pensamentos, os sonhos e sentimentos que temos diante de várias situações se tornam muito mais expansivos. Quando nos sintonizamos mais, por exemplo, com os ciclos, os ritmos e as estações da vida, nunca ficamos angustiados ou arrasados devido a uma situação particular.

APÊNDICE B

A história seguinte, que é extraída de um dos mais importantes textos vedânticos, o Upanishad Chandogya, descreve a natureza do eu não-local.

Há milhares de anos, o grande sábio Uddalaka Aruni mandou o filho de doze anos, Svetaketu, para a companhia de um grande guru para que o menino pudesse se dedicar a um profundo aprendizado sobre a realidade suprema. Svetaketu estudou durante doze anos com o seu mestre e decorou todos os Vedas. Quando Svetaketu voltou para casa, o pai notou que o filho estava agindo como se tivesse aprendido tudo que havia para aprender. Assim sendo, Uddalaka decidiu fazer uma pergunta ao jovem.

– Meu letrado filho, o que é que não pode ser ouvido mas torna possível a audição, que não pode ser visto mas torna possível a visão, que não pode ser conhecido mas torna possível o conhecimento, que não pode ser imaginado mas torna possível a imaginação?

Svetaketu ficou perplexo e em silêncio.

O pai disse então:

– Quando conhecemos uma única partícula de argila, todos os objetos de argila são conhecidos. Quando conhecemos um grânulo de ouro, todos os objetos de ouro são conhecidos. A diferença entre uma jóia de ouro e outra jaz apenas no nome e na forma. Na verdade, todas as jóias são apenas ouro e todos os potes são apenas argila. Você é capaz de me dizer, meu filho, qual é a coisa que quando conhecida possibilita que tudo seja conhecido?

Svetaketu respondeu:

– Que pena, meu mestre não me conferiu esse conhecimento. O senhor o fará?

– Muito bem – respondeu Uddalaka. – Vou lhe ensinar.

"O universo inteiro é uma única realidade e essa realidade é a consciência pura. A consciência pura é a existência absoluta. É o Um que não é seguido por um Segundo. No início o Um disse para si mesmo: 'Vou me diversificar e me converter nos muitos, tornando-me assim todos os que vêem e todo o cenário.' O Um penetrou nos muitos e se tornou o Eu de cada um. Os seres de todas as coisas são o Um e este Um é a essência sutil de tudo o que existe. É o que você é, Svetaketu.

"Dessa mesma maneira, as abelhas fabricam o mel a partir do néctar de numerosas flores, mas depois que o mel é fabricado, o néctar não pode dizer: 'Sou desta ou daquela flor.' Assim, quando você se funde com o seu eu não-local, se torna uno com o eu de tudo o que existe. Esse é o verdadeiro eu de tudo, e Svetaketu, é o que você é."

– Esclareça-me mais, meu pai – o jovem replicou.

Uddalaka fez uma pausa antes de falar.

"O rio Ganges corre para o leste. O rio Indo corre para o oeste. No entanto, ambos finalmente se tornam o mar. Depois de vir a ser o mar, eles já não pensam: 'Eu sou o Ganges' ou 'Eu sou o Indo.' Do mesmo modo, meu filho, tudo o que existe tem origem no eu não-local e este eu é a essência mais sutil de todas. Ela é o verdadeiro eu. É o que você é, Svetaketu.

"Quando o corpo definha e morre, o eu não morre. O fogo não pode se queimar, a água não pode se molhar, o vento não pode se secar, armas não podem se destruir. Isso está por nascer, não tem início ou fim. Está além dos limites de tempo e espaço, permeando todo o universo. Svetaketu, é o que você é."

– Ilumina-me mais, meu pai – retrucou Svetaketu entusiasmado.

– Traga-me um fruto da árvore *nyagrodha* – Uddalaka disse.

Svetaketu trouxe o fruto.

– Abra-o.

Svetaketu obedeceu.

– O que você vê, meu filho?

– Pequenas sementes, meu pai.

– Parta uma agora.

Svetaketu partiu a pequena semente.

– O que você vê, meu filho?

– Vejo que nada mais resta, meu pai.

– Isso que você não vê é a essência sutil, e toda a árvore *nyagrodha* nasce dela. Da mesma maneira, o universo brota a partir do eu não-local.

Finalmente, Uddalaka pede a Svetaketu que coloque um cubo de sal dentro de um balde de água. No dia seguinte, o sábio pediu ao filho que lhe devolvesse o cubo de sal.

– Não posso devolvê-lo – respondeu o jovem. – Ele se dissolveu.

Uddalaka pediu ao filho que provasse a superfície da água.

– Diga-me, como ela está?

– Salgada, meu pai.

– Prove no meio e veja como ela está.

– Salgada, meu pai.

– Prove no fundo e me diga como ela está.

– Salgada, meu pai.

– Assim como o sal está localizado no cubo e disperso na água, o seu eu também está simultaneamente localizado no seu corpo e permeando todo o universo.

"Meu querido filho – disse Uddalaka. – Você não percebe o eu no seu corpo, mas sem ele suas percepções não seriam possíveis. Não podemos conceituar o eu, mas sem ele, a conceituação não seria possível. Não podemos imaginar o eu, mas sem ele a imaginação não seria possível. No entanto, quando nos tornamos o eu e vivemos a partir do nível desse eu não-local, nós nos conectamos a tudo o que existe, porque o eu é a origem de tudo o que existe. Verdade, realidade, existência, consciência, o absoluto – independentemente de como o chamarmos, ele é a realidade suprema, a base de toda a existência. E é o que você é, Svetaketu.

"Viva a partir desse nível, Svetaketu, e todos os seus desejos se tornarão realidade, porque a partir desse nível eles não serão apenas os seus desejos pessoais; estarão alinhados com os desejos de tudo o que existe."

Svetaketu praticou tudo o que havia aprendido e tornou-se um dos grandes videntes da tradição vedântica.

Se você tiver um exemplo na sua vida no qual tenha utilizado o poder infinito da coincidência para experimentar a realização espontânea do desejo e quiser compartilhá-lo conosco, visite o nosso website, www.chopra.com, e clique em "Spontaneous Fulfillment of Desire". Eu adoraria conhecer sua experiência. Você também terá a oportunidade de ter a sua história publicada e freqüentar gratuitamente um seminário no Chopra Center for Well Being. Obrigado.

– D. C.

ARCO DO TEMPO

NOS PASSOS DO BUDISMO

Meditação, Pam e Gordon Smith
Paz a cada passo, Thich Nhat Hanh
A essência dos ensinamentos do Buda, Thich Nhat Hanh
Vivendo Buda, vivendo Cristo, Thich Nhat Hanh
Emoções que curam, Daniel Goleman
O Tao da voz, Stephen Chun-Tao Cheng
O despertar do Buda interior, Lama Surya Das
O despertar do coração budista, Lama Surya Das
Os estágios da meditação, Dalai Lama
Como praticar – o caminho para uma vida repleta de sentido, Dalai Lama e Jeffrey Hopkins
O mundo sagrado, Jeremy Hayward
O caminho da prática, Bri Maya Tiwari
Em busca de uma psicologia do despertar, John Welwood
O despertar para o sagrado, Lama Surya Das
Conselhos sobre a morte – e como viver uma vida melhor, Dalai Lama e Jeffrey Hopkins

VIVENDO O AMOR

Bênção, David Spangler
Pai místico, místico pai, David Spangler
O chamado, David Spangler
Milagres do dia a dia, David Spangler
O livro do perdão, Robin Casarjian
Um curso em amor, Joan Gattuso
Um curso de vida, Joan Gattuso

ESCRITO NAS ESTRELAS

Quíron e a jornada em busca da cura, Melanie Reinhardt
Os planetas e o trabalho, Jamie Binder

A FORÇA DA INTUIÇÃO

Mulheres que correm com os lobos, Clarissa Pinkola Estés
O jogo das sombras, Connie Zweig e Steve Wolf
Seu sexto sentido, Belleruth Naparstek
Anatomia do espírito, Caroline Myss
Contratos sagrados, Caroline Myss
O poder do fluxo, Charlene Belitz e Meg Lundstrom
Doze pontos de ouro, Aliske Webb
O valor da mulher, Marianne Williamson
Illuminata, Marianne Williamson
Histórias sagradas, Charles e Anne Simpson
Amor encantado, Marianne Williamson
A realização espontânea do desejo, Deepak Chopra

A LIÇÃO DOS XAMÃS

A luz dentro da escuridão, John Tarrant
As cartas do caminho sagrado, Jamie Sams
Cartas xamânicas, Jamie Sams e David Carson
Dançando o sonho, Jamie Sams
Mensagem do outro lado do mundo, Marlo Morgan
Mensagem do eterno, Marlo Morgan
Círculo de xamãs, Olga Kharitidi
O segredo do xamã, Douglas Gilette
Andarilho espiritual, Hank Wesselman
Emissário da luz, James F. Twyman

AS LEIS DO ESPÍRITO

O caminho para o amor, Deepak Chopra
O caminho do mago, Deepak Chopra
O caminho da cura, Deepak Chopra
Como conhecer Deus, Deepak Chopra
As sete leis espirituais para os pais, Deepak Chopra

A LUZ EM TODA A PARTE

Sede de plenitude, Christina Groff
Cestas sagradas, Phil Jackson e Hugh Delehanty
Esperança diante da morte, Christine Longaker
Portais secretos, Nilton Bonder
O espírito de Tony de Mello, John Callanan
A porta para seu eu interior, John Callanan
Anam Cara, John O'Donohue
Ecos eternos, John O'Donohue
O fogo e a rosa, Robert Griffith Turner Jr.
Purificação emocional, John Ruskin
As novas revelações, Neale Donald Walsch

O ENCANTO NO COTIDIANO

Refúgio para o espírito, Victoria Moran
Como criar uma vida encantada, Victoria Moran
A luz que vem de dentro, Victoria Moran
Em forma de dentro para fora, Victoria Moran

COLEÇÃO SÁBIAS PALAVRAS

I Ching, Thomas Cleary
O espírito do Tao, org. Thomas Cleary
A arte da paz, Morihei Ueshiba
Ensinamentos do Buda, org. Jack Kornfield e Jill Fronsdal
O livro tibetano dos mortos, Francesca Fremantle e Chogyan Trüngpa
O caminho de um peregrino, Olga Savin

Este livro foi impresso na Editora JPA Ltda.,
Av. Brasil, 10.600 – Rio de Janeiro – RJ,
para a Editora Rocco Ltda.